自分を創る禅の教え

いま、ここをどう生きるか

臨済宗円覚寺派管長
横田南嶺

致知出版社

まえがき——精いっぱい、よろこんで——

人の記憶の始まりというのは、その人によってさまざまあろうかと思います。三島由紀夫が、産湯《うぶゆ》のふちに射していた日の光を見ていたというのは別格にしても、三歳頃から記憶があるのだろうと思われます。

私は、まだ満二歳の時に、祖父が亡くなって、火葬場に行ったことが最初の記憶に残っています。今まで一緒に暮らしていた祖父が、亡くなって遺体を柩《ひつぎ》に納め、火葬場のかまどに入れた時のことを鮮明に覚えています。人は死ぬものであるというのが、私の記憶の始まりでした。

三つ子の魂百までと申しますが、その後「人は死ぬものである」という思いは、私の一生を貫くものとなりました。「死」とは何か、その解決を子供なりに模索《もさく》して、お寺に行って坐禅し、そこで禅の老師と呼ばれる方のお姿を拝見して、ここに「死」の問題を解決する道があると直観したのでした。以来今日に至るまで、坐禅を続けています。書物の上でも、円覚寺の朝比奈宗源《あさひなそうげん》老師の本を読むと、朝比奈老師が四歳で母を亡くし、七歳で父を亡くし、人は死んでどうなるのか、坐禅をしてこの問題の解決を得たと書かれていまして、なお一層坐禅の道に確信を深めたのでした。

　そんな中学生の頃に、和歌山県日高郡由良町興国寺の目黒絶海《ぜっかい》老師に参禅して、「公案《こうあん》」をいただくことになりました。「公案」とは、臨済宗で坐禅を実践する場合、「師家《しけ》」と呼ばれる指導僧から、問題を与えられて、その答えを求めて坐ります。この時の問答は、今も一対一で行われるものです。

　私は、中学生の頃、この絶海老師から、「心の坐りを持ってきなさい」という問題を与えられました。たしかに体は坐っているかもしれないが、心はどうなのか、心も坐っているのか、ぐらついていないか、心の坐りをここに持ってきなさいという問題です。子供ながらに、こんな問題を考えて坐禅を始めたものでした。

中学生の終わり頃に、松原泰道《たいどう》先生にめぐり会うご縁をいただきました。初めてお目にかかって、私は仏教の教えを一言で書いてくださいと色紙の揮毫《きごう》をお願いしました。今思えば冷や汗のでるようなことをしたものです。しかし泰道先生は、嫌な顔ひとつなさらずに、色紙に短い詩を書いてくださいました。

花が咲いている
精いっぱい咲いている
私たちも
精いっぱい生きよう

という詩でした。どんな場に置かれても、花はその場で光に向かって枝を伸ばして精いっぱい咲くのです。その花の姿に学びなさいという教えでした。

「死」を問いとして始まった私の求道《ぐどう》は、「死」から「精いっぱい生きる」へと転じてゆきました。「死」を意識することなくしても、その時その時精いっぱい生きて生き抜いてゆけばいいのだと思うようになりました。

十三歳の頃から、「心の坐りを持ってきなさい」という公案をいただいて始めた修行でしたが、その後この公案は、本格的な漢文のものに変わってゆきました。その答を禅語でも答えるようになってゆきました。

それからおよそ二十年間は、ひたすら何をしていてもこの公案が頭から離れたことはなかったように思います。

そうして、ひたすら坐禅して、その時々に与えられた公案の答えを求めて精いっぱい努力してきました。

大学を出て、修行道場に入り、鎌倉の円覚寺に来て修行を続けました。円覚寺は、高校時代にその本を読んで感動し、自分の修行の手本にしていた朝比奈宗源《あさひなそうげん》老師のお寺です。その老師のお寺で修行できるのですから、幸せなことでした。

精いっぱい公案修行に取り組んで二十年経《た》った頃に、定められた伝統の公案は終わりを告げました。長年取り組んでいてやれやれと思う暇もなく、そのまま今度は

「師家」として、修行僧に公案を与えて問答をするように、師から厳命を受けました。

二十年公案に取り組んで、これで解放されたかと思いきや、また公案に取り組まねばならなくなったのでした。

そうして私は、まだ三十四歳という若さで円覚寺僧堂の「師家」になりました。大本山僧堂の師家を勤めるということは、当時の私にとっては重荷でありました。時に重圧につぶされそうになることもしばしばでした。その度《たび》ごとに、「花が咲いている　精いっぱい咲いている　私たちも精いっぱい生きよう」の言葉を思い出し、「精いっぱい」「精いっぱい」やればよいんだと自分に言い聞かせてきました。

まだ修行時代の頃、私の兄弟子が、既に修行を終えて「師家」でありながらもなお、毎月一週間は修行道場に通って、修行僧達と起居《ききょ》を共にしながら修行に励んでおられる姿に接していました。

まだ若かった私は、どうして修行を終えながらもまだ修行を続けるのか不思議に思って、既に「師家」であるのにどうしてまだ修行するのですかと兄弟子に尋ねたことがありました。

兄弟子は、すぐに「自ら求めるものがなくして、どうして人を導いてゆけるのだ」と答えてくださいました。短い言葉ですが、深く胸に刺さっていました。

自分が、若年《じゃくねん》にして「師家」に就任して、まずこの兄弟子の言葉を思い出しました。そして自らが修行をするのだと思って、普通「師家」になれば、食事も別にするところを修行僧と同じようにいただき、坐禅をする時にも、修行僧と共に坐るようにしてきました。

「師家」に就任したお祝いに、真《ま》っ新《さら》なふとんを一式下さった方がいましたが、私は「ふとんの中でみなさんにお目にかかるのは、死んだ時くらいだから、このふとんは自分が息を引き取った時に寝かせてもらえばいい」と言って、引き続き修行僧の用いるふとんで夜休んでいます。

そうして、修行と思って今日に到っています。若年で重責を担《にな》うようになりましたので、さまざまな苦労もありましたが、その度ごとに、師からいただいた次の言葉を思い起こしていました。

苦しい時は
今幸せの種を
蒔いていると思うが好い
その種はやがて芽を出す
たとえすぐ稔らなくても
私の人生これで良かった
そんな思いを残してくれる

という言葉です。こうして今苦しくとも辛くとも堪《た》え忍《しの》んでいれば、きっとよいことがあると言い聞かせていました。

「何事も修行と思いする人は身のくるしみは消えはつるなり」という古歌《こか》を口ずさみながら辛抱《しんぼう》してきました。

そんな「師家」を勤めていた折に、当時の管長のもとで岩波文庫の『禅林句集《ぜんりんくしゅう》』

という一書の編集に携わりました。四千もの禅語の出典を悉《ことごと》く調べて七年かけて編集しました。おかげで禅語については、自分でも相当詳しくなったと思っています。

更に四十六歳で管長に就任しましたが、これまたいばらの道でありました。禅の修行を荊棘林《けいきょくりん》といういばらの道に譬《たと》えますが、その通りなのでした。

管長になっても修行僧と一緒に坐禅するように勤めました。朝のお粥と梅干しで辛抱しました。人前で話をすることなどは苦手でした。ですから話をする時には、原稿を書いて何度も稽古して臨みました。頼まれて原稿を書くことも苦痛でした。原稿も何度も書き直して苦心しました。

それでも、日々与えられた仕事を精いっぱいやればいいと言い聞かせ、今に到ります。すると、「苦しい時は幸せの種を蒔いている」というように、よきご縁にも恵まれるようになってきました。

たまたま円覚寺を訪問された中條高徳《たかのり》先生との出会いから、致知出版社とのご縁ができ、「禅語に学ぶ」の連載を執筆するようになりました。これも、かつて松原泰道先生が、禅語についてご執筆されていたという因縁《いんねん》によります。泰道先生のお導きと思って毎回「精いっぱい」書かせていただきました。

更によき稔りもあるもので、この連載がたまって『人生を照らす禅の言葉』として上梓《じょうし》させていただくという僥倖《ぎょうこう》に与《あずか》りました。

私としては、もうこれだけで、わが人生十分だと思っておりました。「二匹目のドジョウ」などは考えてもいませんでしたが、この度こうしてまた一冊にまとめてくださることになりました。有り難い限りなのであります。

何事も「精いっぱい」と思い勤めてきたたまものかとも思います。苦労していればよいことがあると思っていました。

しかしながら、最近発酵生活研究家の栗生《くりゅう》隆子さんに出会って、私達修行道場での食事、その環境がすばらしいものであると教えられました。私が、これこそ修行と思っていた朝のお粥と梅干しなどは最高の食事だと褒めていただきました。また修行道場の環境も、すばらしい発酵を生みだす最高のものだと教わりました。

そう言われて、自分は今まで修行道場で、修行してきた、堪えて修行していればよいことが訪れるなどと思っていたのは、実は大間違いで、既に自分は最高の環境の中で最高の暮らしをさせてもらってきたのだとようやく気づきを得ました。

なんと、修行道場に三十数年も起居して、ようやく気がついたのです。それからというもの、この頃は坐禅をするのも、話をするのも原稿を書くのも楽しくなってきました。朝のお粥と梅干しも最高の食事だと思うと有り難い限りなのです。

そうして、この頃は「精いっぱい」に「楽しんで」を付け加えるようになりました。「精いっぱい、楽しんで」やればいいと思うようになってきました。

「精いっぱい」でも眉間に皺《しわ》を寄せて頑張るのではなくて、「精いっぱい、楽しんで、よろこんで」勤めることができるようになってきました。

こうして、致知出版社との出会いを通じてさまざま学びを深めさせてもらったおかげであります。まだまだ、これからも学びを一層深めて「精いっぱい、楽しんで、よろこんで」勤めてまいりたいと思っています。

前著『人生を照らす禅の言葉』にも記したことですが、禅語を読むには、頭であれこれと解釈することよりも、腰骨を立てて体で読むことが大切であります。

円覚寺で法話をする折には、私は必ず「まず腰骨を立てましょう」の一言から始めています。

森信三先生は、「常に腰骨をシャンと立てること、これ性根の入った人間になる極秘伝なり」と簡潔に示されています。

更に森先生は、「立腰の三要領は第一、先ず尻をウンと後ろに引き、第二に腰骨の中心を前へウンと突き出し、第三に軽くあごを引いて下腹にやや力をおさめる」と教えてくださっています。

そんな気持ちで、腰骨を意識してお読みくだされば幸いであります。

自分を創る禅の教え　目次

第五章　こころを磨く

装　幀――フロッグキングスタジオ
編集協力――柏木孝之

第一章

縁に生かされる

恩を知って恩に報ゆ

――身近なところで何かをしよう

臨済の開悟体験

日本に伝わった禅宗は、大きく分けると曹洞《そうとう》宗と臨済《りんざい》宗である。鎌倉の建長寺や円覚《えんがく》寺、それに京都の大徳寺、南禅寺、建仁寺、天龍寺などは皆臨済宗である。京都五山、鎌倉五山とも呼ばれるのは、いずれも臨済宗である。

臨済宗は、古来「臨済将軍」と称されるように、あたかも将軍が大軍に号令を発するような気風がある。古くは、鎌倉の武士たちが命がけで戦う中で、臨済の僧に参禅して自らの心を修めた。江戸時代にも、武士の修養として続けられて、明治になっても軍人たちが参禅をして研鑽《けんさん》を積んだ。軍隊の規律は、禅堂にならったものという説もある。

臨済宗は、中国唐代の禅僧、臨済義玄《ぎげん》を開祖としている。臨済自身が、厳しい修行の末に開悟し、自らの教えを大いに挙揚《こよう》されている。その言行は、『臨済録』として今に伝わっている。

『臨済録』には、臨済の修行時代の話も載せられている。臨済もはじめは、主に仏教の学問を学んでいたが、それに飽き足らずに黄檗希運《おうばくきうん》に参禅された。しかしながら、黄檗のもとに三年修行していたが、その間「行業純一《ぎょうごうじゅんいつ》」といって、ひたすら純粋に坐禅をするばかりで、悟りは得られなかった。

　それを見かねた先輩の睦州《ぼくしゅう》が、臨済に黄檗のもとに禅問答に行くように勧める。「行業純一」の修行ぶりを認めて、更に啓発をしてあげようと思ったのだろう。しかし、臨済は、何を尋ねたらいい

のかも分からない。睦州は、とにかく師の黄檗の室に入って、仏法の根本義とはどのようなものかを問えと教えた。

言われた通りに、臨済は黄檗に質問するのだが、その質問も終わらぬうちに、打たれて追い出されてしまった。失望して戻る臨済に、睦州は、今一度同じことを問いに行けと指示した。同じように二度行って、打たれ、三度行っても打たれて追い出されてしまった。自信を喪失した臨済は、黄檗の処では機縁かなわぬと見て、お暇乞いを願い出た。黄檗は、やむなく許すが、自分の旧知である大愚《たいぐ》を訪ねるように伝えた。

臨済は、失意のうちに大愚を訪ねた。大愚は、臨済が黄檗の処から来たと聞いて、懐かしがって、黄檗はどんな説法をしていたのかと聞いた。臨済は、自ら三度質問して三度打たれて追い出された経験をありのままに話した。黄檗は実にひどい方ですとでも言いたげであった。

しかしながら、それを聞いた大愚は、黄檗はなんと親切なやつだ、あなたのためにそこまで親切に示してくれたのかと感嘆された。そう言われて臨済は、はじめて気がついた。黄檗は自分のために、仏法の肝心なところを示してくれていたのだと分かったのだ。そして、大愚に厚く礼を申し上げて辞し、黄檗のもとに帰っていった。

それから、黄檗のもとに止まって更に修行を積み重ね、自らの悟り得た心境を一層深めていった。黄檗からもその悟境を認められて、お釈迦様から代々伝えられた法を、臨済に託された。その印に、黄檗は師の百丈から受け継いだ禅板と机案（坐禅したまま休む時に使う板と机）を与えようとする。臨済は、すかさず火をもって来て燃そうとした。そのようなものは余計ですと言わんばかりだ。そんな物に依らずとも、すでに大事な教えはすべて伝わっていると言うのである。

黄檗は、そうは言っても持っていけ、天下の人にあれこれ言われることがなくなると言われた。

これが、臨済の開悟体験のおおよそである。三度仏法の根本義を尋ねて、質問も終わらぬうちに、三度とも叩き出される。なんとも乱暴な宗風と思われるかもしれない。しかし決して昨今問題となる「暴力」ではない。外に向かって求めることを戒められたのだ。

外から得たものは本当の宝ではない

詩人リルケ（一八七五〜一九二六）の言葉に「そんなことは一切おやめなさい。あなたは外に眼を向けていらっしゃる。だが何よりも今、あなたのなさってはいけないことがそれなのです」とある。仏法を外に求めてはならない。書物の中に、あるいは人の言行の中に求めようとしていては、いつまで経《た》っても、知識分別の域を出ない。それでは真の安心とはならない。禅家では「門より入るものは家珍にあらず」と言って戒める。外から得たものは、本当の宝ではないのだ。

臨済は、当初膨大な経典や注釈書などを読みあさり、多年書物ばかりに真実を求めていた。黄檗は、それよりももっと身近な、最も端的なところを示された。仏法は文字や言葉ではない、今ここにいるあなた自身であることを、あえて打つことによって「コイツだ」と示されたのだ。それからの臨済は、三度打たれて意気消沈していたのとは打って変わって、大いに活躍された。とりわけ、師から授けられようとした、印可《いんか》の印まで燃そうとされたことを、同時代に活躍された仰山《きょうざん》は、「師の恩を知ったからこそ、恩に報いることができる」と評されている。

師の親切な心が分かり、深い恩を知ることは大切である。師の存命中に気がつかぬ場合もある。恩を知ってこそ、その恩に報いることができる。恩を知るだけでなく、その恩に報いることができなければならない。

恩があって今の私が生きている

禅家では、毎回の食事をいただく折に、「食事五観文《じきじごかんもん》」という偈《げ》を唱えている。五つの項目があり、第一に、この食事がどこから来たか、どれだけ多くの人の手が関わっているか思い、第二に、そんな食事をいただくに足る行いが自分にできているか反省し、第三に、この食事によって貪《むさぼ》りや腹立ちの心が除かれるように願い、第四に、自分の体を養う薬と心得ていただき、第五に、自らの修行を成就するためにいただくことを誓う。

食事を作ってくれた人の苦労、多くの命をいただいている恩を思う。そして大事なことは、その恩に報いるために、自らの修行に勤めることを誓うのだ。恩を知り恩に報いることが大切である。

八月はお盆を迎える。お盆は別段祝日でもないが、お盆休みとして多くの人が帰省する。田舎に帰って、ご先祖のお墓に参る。よき習慣である。父母の恩、ご先祖の恩があって、今の私が生きている。この事実を忘れて、いくら書物を読みあさっても、真理はますます遠ざかるばかりだ。

更に、お盆の八月十五日は、終戦記念日でもある。かつてこの国の為に命を捧げられた御霊《みたま》に思いを致す。先人たちのおかげで今の平和があることを忘れてはならない。その恩を知って、恩に報いなければならない。

渡部昇一先生に、ある戦争未亡人の歌を教わった。「この国のかくも卑しくなりたれば、捧げし人のただに惜しまる」という。このような慨嘆をさせるようでは恩に報いるとはいえまい。

歴史を学び、悠久の歴史を通して受け継がれたのがお互いの命であることを思う。この命を賜った厳然たる事実を受け止め、それが実に数え切れない恩によるものであることに思いを巡らせる。更に恩に報いるように、お互いに自らの務めに励まなければならない。

坂村真民先生に「何かをしよう」という詩がある。

「何かをしよう
みんなの人のためになる
何かをしよう
よく考えたら自分の体に合った
何かがある筈だ
弱い人には弱いなりに
老いた人には老いた人なりに

何かがある筈《はず》だ
生かされて生きているご恩返しに
小さいことでもいい
自分にできるものをさがして
何かをしよう
……」

（『坂村真民全詩集　第五巻』）

恩を知ったならば、何か自分にできることを探して、恩に報いる生き方をしなければ申し訳ない。身近なところで何かをしよう。

円覚寺の山門

万里一条の鉄《ばんりいちじょうのてつ》

——一念を貫き通す

『自選　坂村真民詩集』発行に寄せて

昨年（平成二十八）年愛媛県砥部町《とべちょう》にある坂村真民記念館を訪ねた時である。西澤孝一館長から、『自選　坂村真民詩集』が絶版になると教えていただいた。大東出版社から昭和四十二年に出版された詩集は、版を重ねて累計十一万部を超えていた。

愛媛県の砥部町にあって、まるで深海の真珠のように、詩を作り続けられた真民先生は、毎年一冊小さな詩集を出されていた。それらをまとめて上梓《じょうし》されたのが『自選　坂村真民詩集』である。その序文は、森信三先生が書かれている。寺田一清《いっせい》先生にうかがったところでは、森先生はご生涯で百三十を超える本の序文を書かれているが、中でも心血を注いで書かれた三大序文があり、『自選　坂村真民詩集』はその一つであるという。森信三先生こそは、まだ世に知られていない真民先生の詩をいち早く認められたのである。

それに、大東出版社の岩野喜久代夫人が、真民先生の詩集を出すことに力を尽くされた。様々な出会いが重なって、世に出た詩集であった。近年『自選　坂村真民詩集』が入手しにくくなっていて気がかりだったのだが、遂に絶版という知らせには、愕然《がくぜん》たる思いであった。何とかならないだろうかと思いながら、記念館をあとにしたのは、昨年の八月であった。

それから幾ばくもしないうちに、致知出版社の藤尾秀昭社長が、記念館を訪ねられたそうだ。『自選　坂村真民詩集』の絶版の知らせを聞いた藤尾社長は、即断で致知出版社からの発行を決められた。それからは一気に話が進んで、昨年の暮

れに、『自選　坂村真民詩集』は新装版となって上梓された。

有り難いことに、致知出版社から新装版の前書きを書くように依頼された。思えば、真民先生とのご縁は、私がまだ高校生の頃にさかのぼる。紀州の田舎で高校二年だった私は、たまたま立ち寄った書店で、『生きてゆく力がなくなる時』という本を目にした。衝撃的な題名に心惹《ひ》かれて、買って読み、深い感銘を受けた。当時受験戦争と言われる最中で、多くの仲間たちが、偏差値というものを気にしながら、お互い競争に明け暮れる毎日であった。そんな中で、私はそのような風潮に違和感を覚え、お寺に通っては坐禅をしていた。

それだけに、真民先生の、

「死のうと思う日はないが
生きてゆく力がなくなることがある
そんな時お寺を訪ね
わたしはひとり

仏陀《ぶっだ》の前に坐ってくる
力わき明日を思う心が
出てくるまで坐ってくる」

という詩には、大きな力をいただいた。真民先生に感謝を伝えたいと思い、お礼の手紙を書いて出した。見も知らぬ高校生の手紙に、真民先生は丁寧な返事をくださった。更に「念ずれば花ひらく」の色紙と『捨ててこそ　一遍上人語録』も同封していただいた。

それから、毎月真民先生の詩誌『詩国』を送ってもらっていた。あとになって知ったことだが、それは昭和五十六年のことなので、すでに真民先生が毎月送る『詩国』は千二百部に達し、誰の手も借りずに自ら宛名を書き、切手を貼って投函されるので、新しく『詩国』を読みたいと言われてもすべて断っておられたというのだ。そんな折に、なぜ田舎の高校生に『詩国』を送り続けてくださったのか、不思議としかいいようがない。

『詩国』は大学を卒業するまで送ってもらっていた。卒業後すぐに修行に出たので、そこで『詩国』の送付をお断りさせていただいた。十数年にわたる修行を終えて、円覚寺の僧堂の師家と円覚寺塔頭黄梅院《たっちゅうおうばいいん》の住職という役を仰せつかった。それから先生にお世話になったご恩返しのつもりで毎月先生の詩を寺の掲示板に書くようにしていた。

真民先生が亡くなって、六年が経って坂村真民記念館が出来たのだが、その頃に先生のご息女である西澤真美子さんとご縁をいただくようになった。記念館には毎年何度か訪ねさせてもらっている。

森信三先生が、序文を書かれたのが昭和四十一年であり、それからちょうど五十年の年に、私が新装版『自選　坂村真民詩集』に前書きを書かせていただいた。めぐりあいの不思議ということを真民先生はよく説かれているが、不思議としか言いようがないご縁である。出来上がった新装版を手にして、奥付を見て驚いた。発行日は十二月十一日、真民先生のご命日である。しかもちょうど十年経つ。

重重無尽の縁起

今春（平成二十九年）には坂村真民記念館で、「東日本大震災と坂村真民詩」というテーマで特別展が行われる。震災のあと、多くの人の心に生きる力を与えてくれたのが真民詩である。

今も毎年夏、被災地の方々を鎌倉にお招きして、寺社を訪ねて元気になってもらおうという企画を行っているボランティアの人たちがいる。私も毎年必ず真民詩の話をしている。被災地で苦しく悲しい思いをされた方々は、「二度とない人生だから」や「鳥は飛ばねばならぬ」などの詩を聞いては涙を流している。真民詩は今も心に悲しみを抱く人たちに大きな力を与えているのだ。

東日本大震災から六年、記念館が出来て五年の記念に、被災された方々を勇気づける詩を展示するのだが、真民先生は書家ではないので、実際に筆で書かれた詩はそんなに多くはない。印刷の字で展示しても味気ないというので、私に真民詩を揮《き》毫《ごう》するようにと、西澤館長から仰せつかった。そこで十数枚書いて送らせていただいた。

そして更に自選詩集の新装版も出るという、ご縁が幾重に連なり重なり合う不思議に感動はやまない。これを「重重《じゅうじゅう》無《む》尽《じん》の縁起（様々なご縁が無限につながり合うこと）」というのだろう。

昨年の暮れに、わざわざ西澤ご夫婦が円覚寺までお越しくださった。揮毫のお礼にと、真民先生の直筆の短冊を頂戴した。身に余る光栄である。

開けてみると「万《ばん》里《り》一《いち》条《じょう》鉄《てつ》」と書かれていた。墨痕淋漓《ぼっこんりんり》たる実に鬼気迫る書に、身震いする思いがした。

万里一条鉄の語は、元来は平等一枚の世界を表す禅語である。この世に現れた現象は千差万別ある差別の世界であるが、真理は何の差別もない平等の世界である。それを表すのが本来の意味である。

そこから更に、千里万里の道をもただ一念を貫き通してゆくという意味にも用いられる。真民先生も詩の中でこの言葉をよく使われているのは、その意味である。ご縁が「重重無尽」につながるといっても、ただ安閑としていてつながるものではない。そこに一念貫き通すものがあればこそ、はじめは小さなご縁でも、幾重にもつながりあってやがて大きなものとなってゆく。「だけ」という真民先生の詩がある。それは、

「僕は詩だけしか書けませんよ
と言ったらKさんが
そのだけがいいですよ
だけでなかったら
だめですよ
と言われた
なんでもない

電話での会話だったけれど
ひどく心にしみた」

（『坂村真民全詩集　第二巻』）

という。ただそれだけを「万里一条鉄」の思いで貫き通されたのだ。
昭和三十七年、真民先生五十三歳の年に、森信三先生にめぐりあい、『詩国』発刊の一大啓示をいただいて、毎月休まず発行し続けられ、平成十六年、真民先生九十五歳の二月に五百号を出して終えられた。実に四十二年にわたる大行である。五百号の巻頭には「祝祭」という詩が掲げられた。

「万里一条鉄
遂に願いは
成就し
五百号に

なった
すべては
宇宙心霊の
おかげである
……」

とある。五百号を貫かれた一念こそ、万里一条の鉄である。真民詩の根底には、このような厳しい一面があることを忘れてはならない。

先生がお亡くなりになって十年の節目に、西澤ご夫婦から、「万里一条鉄」の書をいただいたことで、改めて真民先生とのご縁の不思議を思い、更に一層真民詩を弘《ひろ》めてゆこうとの願いを強くした。万里一条の鉄、この一念を貫いていけと、真民先生から警策をいただいた思いであった。

発菩提心《ほつぼだいしん》

――自分を忘れて人様に尽くす

山田無文老師の話を聴いて

人様に自らの求道《ぐどう》の跡を披瀝《ひれき》するようなものではないが、顧みると折々にすばらしい出会いに恵まれたことを感謝するばかりだ。

仏教には縁遠い家庭に生まれながら、小学生の頃に坐禅を始め、和歌山県由良《ゆら》町興国寺の目黒絶海老師にめぐりあうことができた。更に、中学生の終わり頃に、生涯の恩師となる松原泰道先生との出会いに恵まれた。

高校時代には、坂村真民先生と手紙を通してご縁をいただいたのだが、もう一つ忘れられない出会いがある。

高校一年の時に、ラジオを聴いていると、たまさか京都妙心寺の管長に就任されたばかりの山田無文《むもん》老師のお話が放送された。「菩提心《ぼだいしん》を発《おこ》しましょう」という題であった。

無文老師は、学問の志を懐《いだ》いて上京し、早稲田に学ばれた。世の中を平和で争いのないようにしたいとの願いをもって、法律を学んでおられた。

そんな折に、『論語』の一節を読んで衝撃を受けられたという。「訟《うった》えを聴くこと、吾猶《な》お人の如し。必ずや訟え無からしめんか」。無文老師は、このように解釈をされていた。裁判官になって判決を下すことは自分にもできる。しかし、それよりも訴えのない、争いの起こらない世の中をつくることが自分の理想なのだと。

無文老師は、この言葉に驚いて、どうしたら争いのない世を実現できるのか、様々な宗教に解決を求められた。キリスト教の教会にも足を運ばれた。まるで飢

えた犬が餌を求めるように、少しでも真理の匂いのするところに出向いて道を学ばれた。それでも、容易に納得できる答えは見つからない。

そして、或る日チベットで仏教を学んで帰国された河口慧海《えかい》師の講話を拝聴された。河口慧海師は、チベットから伝えたお経の講義をなされていた。そこでこんな譬《たと》えを話された。「牛の皮」の譬えである。

「この地球を全部牛の皮で覆うならば、自由にどこへでも跣足《はだし》で歩いてゆける。がしかし、そんなことは不可能である。しかし自分の足に七寸の靴さえはけば、世界中を牛の皮で覆ったのと同じことである。どこへでも歩いてゆけるのだ。それと同じように、この世界を争いのない理想の世界にすることは、おそらく不可能であろう。しかし自分の心に菩提心を発すならば、すなわち今日から人類のために自己のすべてを捧げることを誓うならば、世界は直ちに争いのない世になったのと同じになるのだ」

私も、無文老師の訥々《とつとつ》とした講話を、はじめのうちは自室でくつろいで聴いていたが、だんだん居住まいを正し、ついには正座して恭しく《うやうや》拝聴した。牛の皮の譬えを聴いた時には、身震いするような感動に包まれた。

無文老師との出会い

言いしれぬ感動が湧き起こったのだが、同時に、これはきれい事ではないか。もっともな譬え話であるが、あまりにも高い理想で実現は不可能だろう。こんな話を信じて生きるなど無理ではないかという疑念も生じた。

好奇心の旺盛な年頃であったので、こんな話をされる人がどんな人なのか、会って確かめてみたいと思った。本当に、このような理想に生きる人が実在するのか確かめたいと思ったのだ。

しかし、臨済宗には各派、各本山に管長がいらっしゃるが、中でも京都の妙心寺は最大の宗派であり、管長は激務として知られていた。田舎の高校生などが容易に会えるものでは全《まった》くない。

途方にくれながらも、何とかならぬかと念じていると、「念ずれば花ひらく」の言葉通り願いが実現した。

山田無文老師が、和歌山県に御巡教に見えられることになり、無文老師はこよなく尊敬されていた山本玄峰《げんぽう》老師生誕地である湯の峰温泉に宿泊されることとなった。たまたま、私は玄峰老師のお墓参りに参上した折に、その温泉旅館の女将とご縁をいただいて、なんと女将の特別のお計らいで無文老師に会わせていただくことができたのだ。


かつて皇室も泊まられた部屋で、温泉から出られた無文老師は浴衣姿でくつろいでおられた。そこで、一対一でお目にかからせていただいた。はじめはいろいろなことをうかがおうと思っていたのだが、無文老師の前では、そのいかにも神々しいお姿を目の当たりにして、つまらぬ問いは霧消した。

菩提心に生きた人をこの目で確かめたという思いであった。菩提心を発し純粋に生きられた人がたしかにいらっしゃる、この道は間違いがないと確信することができた。ほんの数語交わしただけであったが、ただただ感動に包まれてお部屋を退出した。人間は、菩提心を発して弛《たゆ》まず精進すれば、このように高潔にもなり得るのだと思った。

菩提心とは

菩提心とは、本来は菩提を求める心のことを言う。菩提とは悟りである。自ら修行して悟りを求める心を菩提心と言った。

ところが、大乗仏教になると、自らの悟りを成就するだけでは不十分と考えるようになった。菩提心とは「自未得度先度他《じみとくどせんどた》」の心だと説くようになった。「自ら未だ得度せざるに、先ず他を度す」と読む。自分が悟りを得るよりも前に、先ず人を渡そうと志すことを言う。「度」とは渡る、渡すの意である。迷いの世界から悟りの世界へと渡すことを指す。

「人をのみ　渡し渡して　おのがみは　岸に渡らぬ　渡し守かな」

という古歌がある。渡し守はまず人様を岸に渡して、自分は岸には上がらずに、人様を渡すことに務めるという意味である。

無文老師は、菩提心とは自分のことを忘れて人様のために尽くすことだと説かれた。

ある学生が山田無文老師に質問をしたという。「自分とは何ですか、本当の自分とは何でしょうか」と。

無文老師は、とっさにこう答えられた。「きみは今日から、自分のことを勘定に入れないで何か一所懸命人のために尽くしてご覧なさい。とにかく一所懸命人のために尽くして、そして心からよかったと思える自分がいたら、それが本当の自分ですよ」と。菩提心に生きるとはどういうことかを実に言い得て妙である。

自己の完成を求めることも大事なことだが、あまりにも自己にとらわれるとそれが執着になってしまいかねない。それよりも、何かお役に立つことはないか、些細《ささい》なことでもいいから、何か人様に喜ばれることがないかを探してできる限り努めてみることが大事であろう。

宮沢賢治が「世界がぜんたい幸福にならないうちは個人の幸福はあり得ない」と言われたことはよく知られている。

それと同じように皆が幸せにならない限り、個人の悟りもあり得ないというのが大乗仏教の精神なのだ。

鍵山秀三郎先生は「日本をよくする法」として、「たとえ政府が百兆円投下しても今の日本はよくなりません。後世に借金を残すだけだと思います。日本をよくするには、国民の一人一人がちょっとした思いやりや人を喜ばせようという気持ちを持つことです」と仰せになっている。何かできることはないかと思うことこそ、悟りへの一番の近道なのだ。

難しく考えなくても、身近なところで、何かできることはないかを工夫してみたい。そしてそんな些細なことの積み重ねが、きっと無文老師のような高潔なご人格をも形成してゆく道であろうと信じる。今日もまた、弛《たゆ》まず菩提心を発してまいりたい。

手を把《と》って共に行く

――めぐりあいの尊さに感謝する

忘れ得ぬ出会い

「人生は深い縁《えにし》の
不思議な出会いだ」

と坂村真民先生は詠《うた》われた。「めぐりあい」という長い詩の冒頭である。そして、その詩の最後を、

「めぐりあいの
ふしぎに
てをあわせよう」

と締めくくられている。

私も円覚寺での毎回の法話のたびに、今日このめぐりあいに感謝しましょうと皆で手を合わせて始めているが、つくづく人生は様々な出会いに彩られていると感じる。

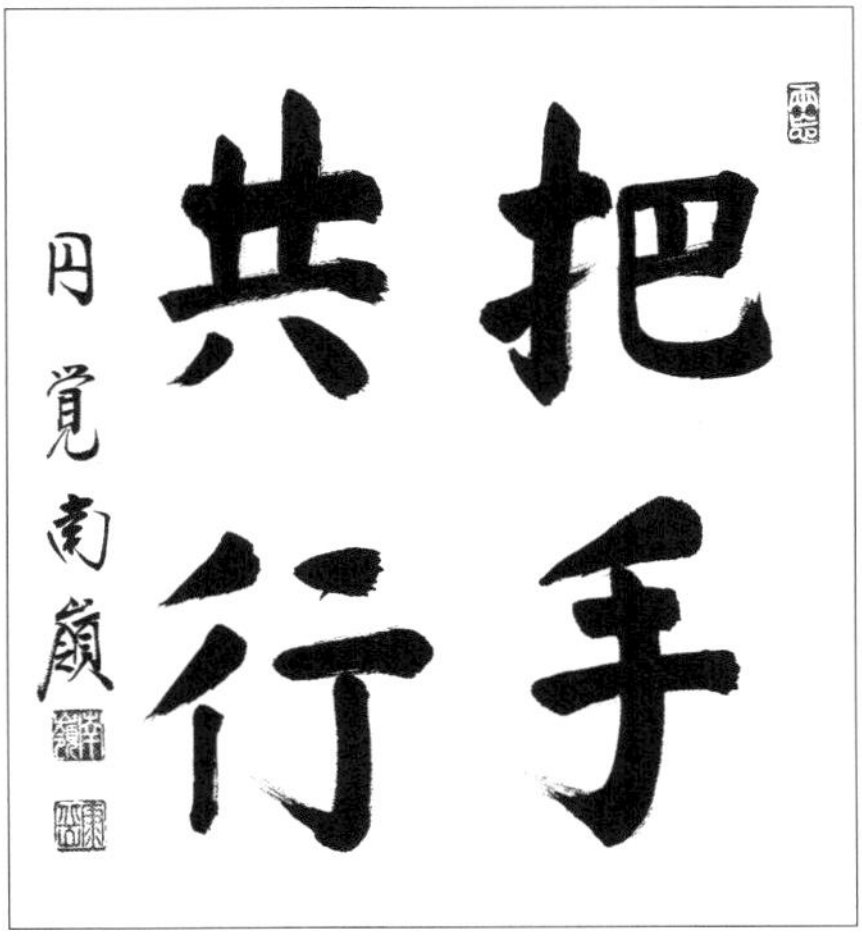

近年は致知出版社で、「後継者育成塾」という講座が設けられていて、私も毎年拙い話をさせてもらっている。その名の通り、企業の跡取りの青年たちが学ぶ会であり、十数名で勉強している。大勢の人たちに講演することも有り難いが、こうして次世代を担う若者たちに思いを伝える場を与えてもらえることは、なお一層有り難く毎年心を込めて話をしてい

る。

とりわけ今年は十数名の若者たちに、円覚寺にお越しいただいて、拙い話を聞いてもらい、更に共に坐禅を体験してもらった。共に道を学ぶことの幸せを実感した。また、こういう企画をなされる『致知』の藤尾社長のお心にも打たれる。毎回参加者の感想文も送ってくださり、いつも感動をもって読んでいる。毎回めぐりあいの不思議を思う。

しかしながら、そんな様々な出会いの中でも、忘れ得ぬ出会いもある。これも『致知』誌がご縁となったとある女性との、ついに最後まで直接出会うことがかなわなかったご縁である。

今生きている感謝を学ぶ

この女性とのご縁は、以前にもこの連載で触れたこともある。また『致知』二〇一六年七月号の「特集総リード」にも藤尾社長が紹介してくださった。煩《はん》を厭《いと》わず、藤尾社長の文を一部掲載させていただく。

A子さんは若い身でがんになった。辛い闘病生活。その中で、病気を治すには体の治療だけでなく心も治さなければ、と思い立つ。そして手にした『致知』。中でも横田管長の連載に惹《ひ》きつけられた。「坐禅の要領は、ほんの一時でも過ぎたことは気にしない、これから起こることも気にしない、この二つ」

ともすれば手術で失った体の一部を思い煩《わずら》い、これからの不安にとらわれがちなA子さん。そんな時、横田管長のこの簡潔な言葉に出逢い、今現在をしっかり生きよう、こうして生きていることに感謝しよう、と思い直すことができたという。

「自分はお坊様のようにお寺で修行はできないが、病気とともに日常生活の中で生きている感謝、生かされている感謝を学ぶために、自分なりの修行をしたい」という手紙をA子さんは書き送ってきた。横田管長は「いま置かれている状況の中で、日常の生活の中で、感謝をもって生きることこそ最大の修行です」と返事した。

以来、手紙のやりとりが何度かあった。その中で、A子さんの容体が優《すぐ》れず実家に戻ったこと、まだ幼い子供がいることなどを横田管長は知ったという。そして、このように書かれた手紙がきた。

「この病を得なければ、私は心や人間、自分を高めようと読書や勉強をすることはなかったでしょう。悪いと思われても、そのかげにはよいことも隠されているのです。この間教会の前を通りかかったら、〈天の父よ、どんな不幸を吸っても吐く息は感謝でありますように〉という看板を見つけ、心に刻みました。病気でも苦しくても、いま私は生きています。それがすべての答えだと思います」

それがA子さんの最後の手紙となった。身内の方から亡くなったと横田管長が知らされたのは、それから間もなくだった。

＊　＊

何度か手紙をやりとりさせてもらって、その亡くなる年の六月には、感謝の気持ちを込めてと、サクランボを送っていただいた。明くる年には、お母様からサクランボを送っていただいた。その手紙でA子さんがお亡くなりになったと知らされたのだった。

亡くなるほんの少し前に、自宅でテレビのニュースを見ていて、ちょうど御嶽山《おんたけざん》の噴火で亡くなった方々の報道を目にしながら、「お母さん、急に亡くなってしまう人もいるんだよ。私はまだ時間があって考える時があるだけ幸福だよ」と語られたそうだ。お母様の手紙には「そこまで思える気持ちにしていただいたのが、管長のお心」と感謝の言葉が綴《つづ》られていた。

以来毎年サクランボを送ってくださった。今年もまたサクランボを送ってくださり、何と手紙には、月末に円覚寺の法話会に娘を連れて参りますと認《したた》めてあった。亡くなった方のご両親とご主人と、そして忘れ形見のお子様とが、遺影を抱いて円覚寺にお越しくださった。

我が娘の遺影を抱いて来る親の気持ちを、私には慮《おもんぱか》ることはできない。控室でほんのわずかの時間だがお話しさせてもらった。

思えば三年前に、できればこの夏に円覚寺に行って直接話を聞きたいという手紙をいただいたのが最後だったのだ。それがようやく、ご両親に抱かれての出会いとなった。

手を把って共に歩む

遺影を抱いてお越しくださったご両親と話をして、私はドイツの詩人ウーラントの「渡し場にて」という詩を思い起こしていた。

「幾年前《いくとせ》かこの川を
一度渡ったことがある
今も堰《せき》には水よどみ
いり日に城は影をひく
この小舟には
あのときは
私と二人の連れがいた
お父さんにも似た友と
希望に燃えた若いのと
一人は静かに働いて

人に知られず世を去った
もう一人は
勇ましく
戦の庭で散華《さんげ》した
幸せだった
その昔
仲良く暮らした
あの昔
大事な友の面影を
今
私は静かに胸に浮かべる
渡し賃だよ船頭さん
三人分を取ってくれ
私と一緒に二人の

みたまも川を越えたのだ」

亡き友の面影を胸に抱いて川を渡るという詩である。三人分の渡し賃を支払う心に打たれる。

禅語に「手を把《と》って共に行く」というものがある。『無門関《むもんかん》』にある語だ。「歴代の祖師と手を把って共に行き、眉毛あい結んで同一眼に見、同一耳に聞くべし」という。

本来の意味は、坐禅の修行をして、古人と同じような体験をすれば、それこそ歴代の祖師方と手を把って共に行き、同じようにものを見、同じように聞くことができるようになるというのだ。古人の語録を学び、そして更に追体験することが大事だと説かれている。

心に尊敬する古人を抱くことは大切である。そして単に書物の上で学んでよしとするのではなく、古人の志をいただいて、その同じ体験を味わい、手を把って共に歩む心境になれたら、どんなにすばらしいことだろう。

若くして、がんという病に侵されながらも、生きる意味を学ぼうとされた女性には、こちらの方が学ばされた。

直接出会うことがかなわなかったが、これもまためぐりあいの一つであろう。私など修行といいながら、形ばかりにとらわれていないか、何年もお寺に身を置かせてもらいながら、今を生きる感謝を見失っていないか、爾来《じらい》自問自答することが多い。

そして、何より教えられたのが、めぐりあいの尊さである。この時にめぐりあうことができるのが、どんなに幸せであるか、身にしみて感謝することが出来るようになった。

古人の書を学んで、「手を把って共に行く」という気持ちをもってゆきたいと思う。

真民先生は「風」という詩で詠われた。

「ともに
あゆめば
風
光る」

と。

（『坂村真民全詩集　第三巻』）

第二章

いのちのはたらき

毛《もう》、巨海《こかい》を呑《の》み、芥《け》に須弥《しゅみ》を納《い》る

——人間、この不思議なるもの

常識や思い込みを捨てた先に見えてくるもの

かつてヒッグス粒子という素粒子の発見が話題になった頃、とある新聞のコラムでこの禅語が取り上げられたことがあった。

禅語の意味は「一本の細い毛が大海をのみこみ、小さな芥子《けし》粒にも巨大な須弥山《しゅみせん》という山が納まる」というものだ。

ヒッグス粒子とは、現代物理学の最先端の話で、芥子粒などよりもはるかに小さい。しかしその粒子がこの世に重さをもたらし、それがなければ星も銀河も、もちろん須弥山も存在しないという。

しかしながらそのコラムにも、このような禅語は「どうも人の世の尺度の通用しない仏法の世界のようだ」と説かれていた。

たしかに、訳の分からぬ話を今でも禅問答のようだという。広辞苑を見ても、禅問答とは、「禅家で、修行者が疑問を問い、師家《しけ》がこれに答えるもの」という解釈と共に「転じて、ちぐはぐで分かりにくい問答」という説明があるほどである。「山より大きいイノシシはいない」という諺《ことわざ》ならば常識で十分に理解できる。しかし、禅では、一度その常識や思い込みを捨てさせる。常識や思い込みにとらわれていては、大切な真理が見えないからである。もっと端的に言えば、あたりまえだと思っていることを疑ってみることであり、あたりまえではないと気がつくことでもある。

禅問答が訳の分からぬものと思われていたのは、随分と昔からのことらしい。唐代の禅語録を見ても、こんな問答が残されている。「李渤《りぼつ》」という学者が、唐代の禅僧帰宗《きすう》禅師を訪ねた。李渤は、「李万巻」とあだ名されるほど、万巻の書物を読破したことで知られていた。そんな李渤が、帰宗禅師に「自分は万巻の書物を読んできたが、禅の言葉は納得できない。毛、巨海を呑み、芥《け》に須弥を納るとはいったい何を言っているのか」と問われた。帰宗禅師は、悠然と「あなたは、万巻の書物を読まれたことで名高いが本当ですか」と問う。李渤は「その通り」と答える。帰宗禅師はそこで、「椰子《やし》の実ほどの頭の中に、どうして万巻の書物が納まるのですか」と言われた。

以前に渡部昇一先生のご自宅にお招きいただいたことがある。先生のおびただしい蔵書を拝見させてもらった。地下には、まるで図書館を思わせるような立派な書庫があり、文字通り「万巻の書」が蔵されていた。その書庫で悠然と古書を繙《ひもと》かれる先生のお姿は、まさに大人の風貌《ふうぼう》であり、深く感銘を受けた。この万巻の書を読破し、我が身に納められてこそ、先生の揺るぎない信念が出来上がったのだと感服した。万巻の書を読んでこの身に納めることはできるのである。

我々の頭の中には、無数の神経回路が網の目のようにはりめぐらされているという。その神経回路をもし一本にして伸ばしたら、月にまで届くものになるらしい。そんなものが頭に納まっているのだ。

平澤興《こう》先生は「人間には百四十億個の脳神経細胞があるが、それを使い切った者は一人もいない」と言われている。お互いの頭脳は無限の可能性を秘めている。

私たちが生きているのは、絶えず血が体を巡っているからである。相田みつをさんの日めくりカレンダーの中に、「わたしがねているときでも　動いてくれる心ぞう」（相田みつを著「日めくり　にんげんだもの2」）という言葉があった。かつて心臓の検査を受けた時に、絶え間なく血液を送り出し続ける心臓を見て感動したことがある。思わず検査してくれた医師に「先生、心臓は夜もこんなに動いているのですか」と聞いてしまった。一笑に付されたのは当然のことだ。

人の体の血管をすべて合わせると、なんと地球二周半にもなるそうだ。そんな長いものをどのようにしてこの体に納めたか、計り知れない。

さらに心臓が一日に送り出す血液の量は、どのくらいの量になるかというと、およそ八千リットルであり、それは二リットルのペットボトルで四千本となる。もし人が八十年生きたとすれば、およそ二億三千万リットルとなる。これは、石油タンカー一隻分に相当するという。私たちのこの小さな体に、巨大な石油タンカーを積んでいるようなものだ。

生涯に食べるものの量などを考えてみても大変なことになる。米で六トン、肉や野菜を合わせると何十トンにもなるという、そんな膨大な食べ物が、胃袋を通過して生きている。

「あたりまえ」の反対語は「ありがたい」

毎月円覚寺では、修行道場の修行僧を中心に、若手の和尚や在家で坐禅に見える人たちとで、木鶏会を行って、月刊『致知』誌の中の記事について勉強会を開いている。会の発足には致知出版社から出向してもらい木鶏会のご指導をいただいた。回を追うごとに、修行僧たちも読み込みが深くなって、発表もすぐれてきている。

同じ修行をしても、なぜこのような修行をするのか、修行を通じて何を目指すのか、明確な学びがなければ、細かな行儀作法の習得ばかりにとらわれて「角を矯《た》めて牛を殺す」というような愚を犯しかねない。長年修行しても、人間として成長していなければ意味がないと考えるからだ。

前回の木鶏会で、ある修行僧が次のような「ジャガ芋」についての発表をしてくれた。修行道場では今でも自分たちが食べる野菜を寺の畑で作っている。彼は最近畑の管理を任されていた。私も畑で黙々と作業している彼の姿をよく見かけたものである。

わずかな種芋から段ボール数箱もの収穫が得られた喜びを彼はまず語った。そして、彼は、「ジャガ芋の栽培は簡単で手入れする必要があまりないうえに、痩せた土地や過酷な環境でも十分な収穫が見込める」という「ジャガ芋」に興味を持って調べたという。

いろいろなことが分かったと彼は語った。まずジャガ芋の原産地が南米ペルーであること、スペイン人がペルーでこの芋を発見し、ヨーロッパから東南アジアを経て日本に伝えられたこと。ペルーは日本から見れば地球の裏側であり、この芋は地球を半周する旅を経て日本に来たのである。更に元来ジャガ芋は病気に弱い作物であったこと。アイルランドでは病気のためにジャガ芋が全滅し、百万人以上が餓死する「ジャガ芋飢饉《ききん》」なるものもあったという。

それ故に幾度もの品種改良を重ねて現在の簡単に栽培できるジャガ芋になったことなどを語ってくれた。そして、もしジャガ芋がペルーで発見されなければ、日本に伝えられていなければ、品種改良されていなければ、今日穫れたジャガ芋が存在していなかったと言い、我々には普段見えないところにたくさんのご縁があって、それによってささえられていることに感謝しなければならないと結んでいた。

何の苦労もせずに手に入れたジャガ芋では、ここまで考察はしなかったであろう。畑を耕し毎日手入れをすればこそ、深く読み込むことができたのだ。

「一粒の米に仏　秋彼岸」という句もある。たった一粒のお米にも、どれだけの手がかかっているかは計り知れない。そんな計り知れないものを毎日毎日いただいて、それがお互いの血となり肉となり生きている。

このように見てみると、生きていることがあたりまえのことという常識は吹き飛んでしまう。計り知れないほどの手のかかった食べ物を毎日いただいて、更にそれが栄養となって体中を血が巡っている。これは決してあたりまえではない。

「あたりまえ」でないとしたら何であろうか。「あたりまえ」の反対語は何か。それは「めったにない」ことであり、「有ることが難い」こと、即ち「ありがたい」ことである。あたりまえという常識を打破してみれば、「ありがたい」という世界に目覚めることができる。

そのようなことに思いを馳《は》せながら、禅語「毛、巨海を呑み、芥に須弥を納る」を読めば味わいが一層深くなる。

新刊の『平澤興《こう》一日一言』に「けさもまた　さめて目も見え　手も動く　ああ極楽よ　この身このまま」とある。先生は、今朝も目が覚めることも、目が見えることも、手の動くこともあたりまえでない、計り知れない力が働いていると気づかれていたのである。

常識では計り知れない天地無限のものがこの体に納まっている。この体を生かし切って、無限に精進してゆかねばと思う。

円覚寺の修行僧とともに。最後尾が筆者

万里清風只自知《ばんりせいふうただじち》す

——大自然が教えてくれること

東日本大震災と坂村真民先生の詩

「大津波、台風、火山の噴火、地震、大洪水などたえず何か大災害にさらされた日本は、地球上の他のどの地域よりも危険な国であり、つねに警戒を怠ることのできない国である」

大正時代に駐日大使を務めた仏詩人クローデルの言葉だという。更に詩人は「大地は堅固さというものを全《まった》く持ち合わせていない」とまで言われた。詩人が小石、砂、溶岩、火山灰の堆積《たいせき》した国土がいかに不安定かを強調されたのも、これが関東大震災の直後の文章だからだと、曾《かつ》て『毎日新聞』の余録（平成二十六年十月四日付）で知った。

この言葉を私は、今も講演や法話でよく引用させてもらっている。改めて読んでもなるほどその通りと首肯《しゅこう》するばかりだ。

東日本大震災から、この春（平成二十九年）で丸六年が経つ。仏教では、お亡くなりになった方の七回忌にあたる。この六年の間にも、紀伊半島で台風の被害があり、各地で大洪水があり、御嶽山の噴火もあり、昨年には熊本の大地震もあった。そんな国が、我が国であり、我々はそのような国土に暮らさねばならないのだ。

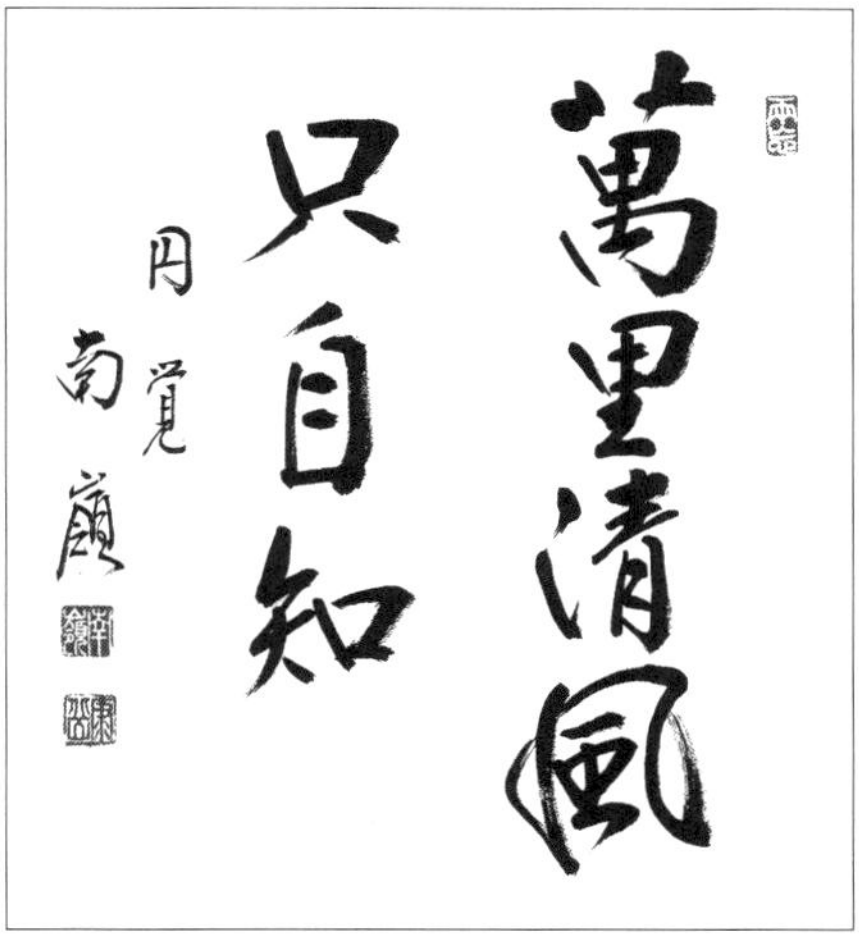

仏教詩人と呼ばれる坂村真民先生の全詩集を読んでいて、「大地震がきたら」という詩を見つけた。

「大地震がきたら
わたしは真民さんの詩集を
持って逃げる
そうしたらどんな苦しみの中からでも

立ち上がれるような気がすると
あなたはおっしゃる
感動しました
そしてあなたの手紙をもう一度
こおろぎの鳴きしきる夜明けに
読んでおります
不幸なことなど
全く起こりそうなどありませんが
あなたがいる処は地震地帯
ほんとにいつどかんと
大地震がくるかも知れません
妻を思い子を思う
あなたの熱い心を思いながら
ありがとうございますと

感謝しました
どうかそんな日がこないよう
祈ってやみません」

（『坂村真民全詩集　第四巻』）

という詩である。

坂村真民記念館は、真民先生が詩作に励まれた愛媛県砥部《とべ》町に建っている。東日本大震災からちょうど一年が経つ平成二十四年の三月十一日に開館された。震災で日本中の人たちが心に深い傷を負った。そんな時こそ真民詩が大きな力を与えてくれるはずだという、真民先生の三女である西澤真美子さんと、夫である西澤孝一館長、お二人の願いが込められた記念館である。

今年は、震災から六年、記念館は開館から五年にあたり、特に昨年は真民先生の生まれ故郷である熊本が地震で大きな被害を受けられた。大自然の災害などで心痛める方たちに、今一度真民詩を読んでもらおうと、三月には「東日本大震災と坂村真民の詩」という特別企画が催される。折しも、致知出版社から、近年入手が困難になっていた『自選　坂村真民詩集』の新装版が上梓されたことは、先に触れた通りである。

「わたしの詩」という詩がある。

「わたしの詩は
生きるために苦しみ
生きるために悩み
生きるために泣き
生きるために
さげすまれ
はずかしめられても
なお生きようとする

そういう人たちにささげ
そういう人たちに読んでもらう
わたしの願いの
わたしの祈りの
かたまりであり
湧き水である」

（『坂村真民全詩集　第三巻』）

と詠《うた》われた真民先生の詩は、苦しみ悲しみを抱いて生きる人たちに大きな力を与えてくれる。

どん底の景色を見ると真の慈悲の心が生まれる

先日、東日本大震災の被災地の写真を撮り続けているという写真家に出会い、一冊の写真集を頂戴した。被災地の写真を撮るカメラマンは多い。私もいくつかの写真集をいただいている。同じようなものかと思って受け取ったが、この方のは違った。被災地に通い続けて、彼は被災地の空を撮り続けられたのだ。もちろん、被災地の悲惨な現場も写っているのだが、そこから見える空を撮り続けられている。

地上は、見るも無惨なことは周知の通りだ。しかし、そんな時にも空は、どうだったのか。私も震災から二カ月してようやく被災地のお見舞いにまわったことを思い出した。残念ながら私には空を仰ぐ余裕は全くなかった。しかし、それでもある寺院をお見舞いした折に、瓦礫《がれき》が積まれている片隅に、牡丹の花が震災のことなど素知らぬかのように、つましく、そして凛《りん》と咲いているのを見て感動したことが印象に残っている。そうだ、自然は変わらないのだと安らかな気持ちにさせてもらった。

知人の漢方医で、多くの人の臨終を見てきた方がいらっしゃる。先だって対談をして、人が死に直面してどのような心の変化が起こるかを教わった。まず、男女の欲望が消えてしまう。男女という概念も薄れてゆくらしい。更に、お金や財産などに対する執着が消えてゆき、名誉などへのとらわれもなくなってゆく。そこで、身内に対する思いがわき起こるという。家族に会いたいという思いだ。それを抜けると、最後には吹いてくる風や日の光など大自然に対する思いが残るのだと教わった。最後に大いなる大自然の、吹く風や射し込む光に触れると、人はこの大いなるいのちに帰ってゆくのだという安らかな気持ちになれるのだ、と言われた。

宮沢賢治は、肺の病で三十七歳の生涯を終えられている。熱心な仏教徒であったことはよく知られている。病の床にあって「疾中《しっちゅう》より」という詩を残されている。床に伏せって血を吐き、苦しんでいる様子を詠いながら、最後にこう結んでいる。

「あなたの方からみたらずゐぶんさんたんたるけしきでせうが
わたくしから見えるのは
やっぱりきれいな青ぞらと

すきとほった風ばかりです」

病床を外から眺めていると、悲惨なばかりであろうが、その病床から見れば、青空と風ばかりだという。ハッとさせられる詩である。

どん底を外から眺める景色と、どん底から見る景色とでは全く違う。

このどん底の景色を見てこそ、真の慈悲の心が生まれてくる。真民先生も絶望のどん底を乗り越えておられたからこそ、その詩には人を包み込むようなあたたかさがあり、そのまなざしには慈悲や愛が満ちているのであろう。

自ら大自然に触れて知る

大自然は、時には恐ろしい猛威を振るう。我々人間を、容赦なく苦しめることもある。しかし私たちを生かしてくれているのも、またこの大自然にほかならない。

津波の被害に遭われた漁師さんが、津波で家族も家も船もすべてを奪われてしまったが、それでも海を恨まない、これからも海と共に暮らしてゆくのだと語られていたことも思い出す。

真民先生の詩には、常にその大自然が詠われている。そこからこそ大きな力が得られる。しかし気がつかない場合が多いのだ。目先のことや、何か失ったものばかりにとらわれてしまうことが多い。自ら大自然に触れて知ることが大切である。

「風」という長篇の詩も真民先生にはある。

「……
解決できないことは
風に問うたらよい
風は親身になって
答えてくれるだろう
かなしいこと
くるしいこと

さびしいこと
たえがたいことなど
ある日風が
露にささやいた
わたしたちを
さぞうらんでいるでしょうね
せっかく美しく光っているのに
散らしてゆくのだから
いいえすこしも
うらんでなんかいません
わたしたちは
玉となった瞬間の喜びで
生きているのですから
露たちは

そうさわやかに
こたえるのであった
かすかに吹いてゆく風にも
こまやかな愛がこもっているのを
どんな小さい花たちでも
ちゃんと知っている……」

（『坂村真民全詩集　第三巻』）

時には、静かに坐って、遠い万里の彼方から吹いてくる風の音に、耳を澄ませるのもいいだろう。きっと何かが伝わるはずである。

柔和忍辱衣《にゅうわにんにくえ》
――「やさしさ」を身にまとって生きる

いのちをかけた法話会

縁に随《したが》って請われるままに、法話や講演に出かけている。話をさせてもらえることは、有り難いことであり、何より自身の勉強になる。恩師の松原泰道《たいどう》先生からも、勉強させてもらえると思って、話をしなさいと教えられた。毎回毎回、どのような聴衆なのか、テーマは何か考慮して、資料を集め、構成を考え準備をしている。

会場もいろいろある。ホテルの一室であったり、どこかの会議室であったり、様々である。大ホールは苦手である。まず聴衆の顔がよく見えない。反応が分からないのに話をするのは難しく、今も苦労させられる。

その点お寺の法話会は、やりやすい。第一雰囲気がいい。木造の本堂に、お香が焚《た》かれ、集まっている方々も、普段からお寺に出入りしていて、聞くことにも慣れている。

そんなお寺での法話会で、最近忘れられない会があった。

未熟ながらも、只今私は大本山の管長という要職を務めているので、宗派の寺院にとって、本山の管長を法話に招くことは、一大行事となる。

およそ一年前から、日程の調整など準備に取り掛かる。伝統を重んじる世界であるので、法話の打ち合わせにしても、電話やメールで済ますことはしない。何度か直接本山に出向いて打ち合わせ、古式ゆかしく管長を招聘《しょうへい》するしきたりが残っている。

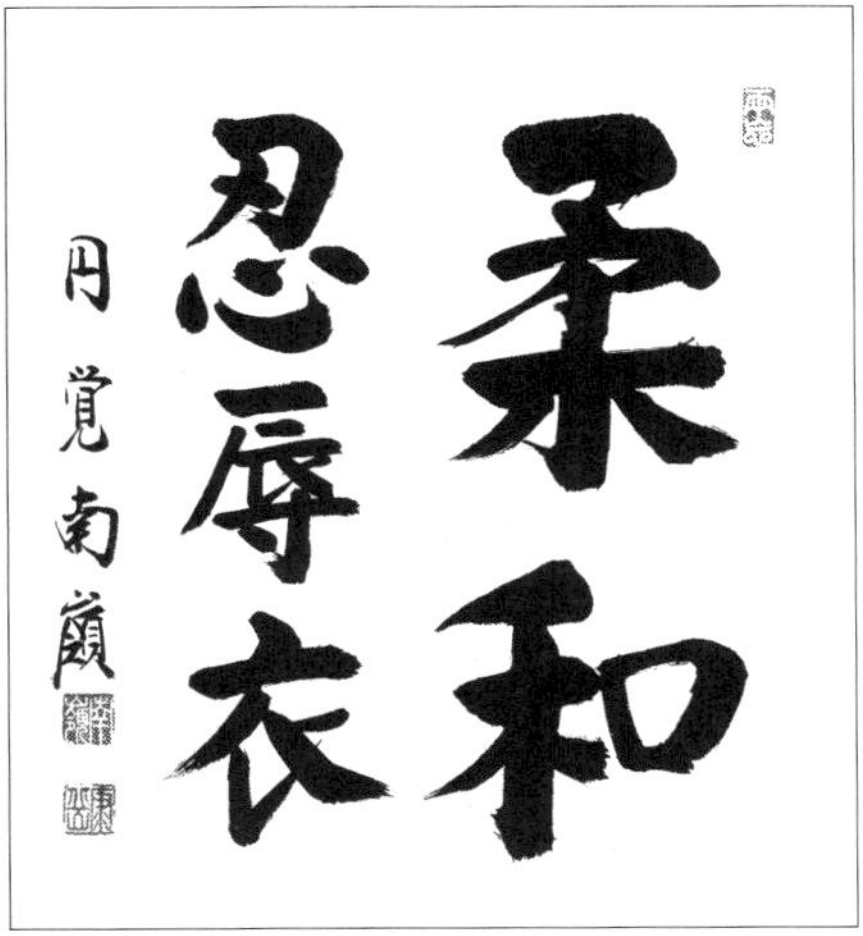

そのお寺の和尚とも、早くから打ち合わせ、何度か本山にお越しいただいた。

準備万端整って、もうあと一カ月で法話会となった頃、その和尚より速達の手紙が届いた。

なんと、大きな病が見つかって急遽《きゅうきょ》入院し手術を受けることになったという。一年も前から支度をしてきた法話会は予定通り行うのだが、自分が管長をお迎えすることができないのが申し訳ないというお詫びの手紙であった。明日から入院と認めてあったので、返信も出さずに、手術の無事を祈った。

そうして二月、梅の花が咲く時節に合わせて観梅の法話会が催された。

本山管長が寺院に出向する場合、お寺の和尚はもとより皆がお寺の山門に整列して出迎えることになっている。「門迎《もんげい》」と呼んでいる。私は、和尚の不在をあらかじめ知って行ったのだが、山門近くに車が近づいて、我が目を疑った。なんとその和尚が、二月の寒風吹きすさぶ中を、立って出迎えてくださっているではないか。更に近づいて驚いた。入院中の衣服のまま、点滴の容器を片手に持っている。恐らく医師に無理を言って、一時退院してきたのであろう。大手術の後であることは、痩せられた姿からも想像された。

この法話会にかける和尚の熱意がその姿から伝わった。

すがる思いで

そのお寺は、皇室との縁がある名刹《めいさつ》である。円覚寺《えんがくじ》の釈宗演《しゃくそうえん》老師も何度も訪れたところでもある。梅園は地元でも知られているらしい。和尚は、由緒ある名刹を長年大切に守ってこられた。

法話の後で、和尚は参会の信徒さんたちに挨拶されていた。もちろん病院の衣服で点滴を手に持ったままである。私も本堂の隅でその言葉を聞いて感銘を受けた。まず、円覚寺本山から管長を招いての法話会を行えたことの感謝を述べられた。しかしながら、思いもよらずに、直前に病が見つかり緊急入院し手術を受けざるを得なかった思いを切々と述べられた。

いよいよ入院する前の晩に本堂のご本尊にお参りして涙を流されたという。まだ自分にはなすべき仕事が残っているので、どうか手術が無事に終えられるように祈り、そして本堂の柱にすがりついて泣いたことを明かされた。禅の修行をし、長年住職を務めた和尚である。それでも、死を覚悟の入院である。ご本尊にすがる思いを赤裸々に述べられたのには、私も涙を誘われた。

万が一のことを考慮して、縁の深い寺院には入院の前に挨拶に出向かれたことも明かされた。とりわけ近在にある修行道場の老師のもとに行かれた時には、入院したらただひたすら観音様を念じて、『延命十句観音経《えんめいじっくかんのんぎょう》』を唱えるように言われたという。

『延命十句観音経』とは、わずか四十二文字の短いお経であるが、白隠禅師《はくいんぜんじ》が広く人々に勧められた。私もこのお経を弘《ひろ》めることに微力ながら尽くしている。手術のベッドに上がったら、ひたすらこのお経を心の中で唱え、唱え続けて、麻酔で意識がなくなるまで唱えるように指導を受けたことを話され、それが実に有り難かったと述べられていた。

いざとなれば人間は弱い。それでも、何か信じるものがあれば乗り越えられる。人間の弱さを隠すことなく、しっかりと見つめて、大手術に臨まれたことには感動した。そして、無事手術を終えて、医師に無理を言って、一時退院して自ら管長を出迎えられた喜びを語られた時には、和尚も涙を流された。

その日の法話会は、私の話よりも、和尚の一途な心と姿に皆心打たれたことであった。一期一会とはよく言われる言葉であるが、そんな思いを実践する姿は尊い。言葉よりも、その姿が語りかけるものがなお一層大きいと改めて学んだことであった。

やさしさのよろいまといて

その和尚は、和歌を嗜《たしな》む風流な方でもある。法話会の挨拶の最後に、その折の気持ちを即興の和歌で表された。

「この星にあらんかぎりは
やさしさのよろいまといて
生きたかりけり」

という歌であった。

『法華経《ほけきょう》』にある言葉がもとになっている。法師品《ほっしほん》第十に、如来《にょらい》の滅後にこの『法華経』を説く者は、「如来の室《しつ》に入り、如来の衣を著《き》、如来の座に坐して」説くようにと示されている。如来の室とは、大慈悲の心であり、如来の衣とは柔和忍辱《にゅうわにんにく》の心であり、如来の座とは一切法空《いっさいほうくう》である。

大慈悲とは大いなる慈《いつく》しみと憐《あわ》れみの心である。生きとし生けるものが皆本来持っている心である。

大いなる慈しみの心をもって、この世でどんな辛《つら》い目に遭っても、苦しいことが起きても、自分自身は外に対してどこまでも柔和に堪え忍ぶ心を持ち続けることを、柔和忍辱の心を衣とすると説かれている。

一切法空とはかたよらない広い心をいう。どんなことでも、えり好みせずに受け入れる心の広さである。

『法華経』を説くといっても、何も特別のお経を説き弘めることを言うのではない。『法華経』は人間としてどう生きるかを示されたお経だ。一人の人間として、そのいのちを全《まっと》うするにはどういう心であるべきかを示されている。

この世に生を受けて、真実の生き方を求めるならば、大いなる慈しみの心をもって、どんなことも柔和に堪え忍んで、大きな広い心で生きようということを示してくれている。

和尚の和歌は、この『法華経』の心を詠われている。死を覚悟の入院大手術を経て、改めてこのいのちを賜った尊さに目覚められたのだろう。

そこで、このいのちあらん限りは、戦場の武士がよろいをまとうように「やさしさ」を身にまとって生きてゆきたいという決意だ。この世に生を受けたものの使命でもあろう。

私も、和尚のいのちがけの法話会に招かれて、「柔和忍辱を衣とする」という教えを改めて学ばせてもらった。忘れ得ぬ法話会であった。

心無罣礙《しんむけいげ》

――無条件の祈りに徹する

大いなる智慧の完成

『西遊記《さいゆうき》』に出てくる三蔵法師《さんぞうほうし》のモデルであると言われるのが、玄奘《げんじょう》三蔵（六〇〇または六〇二～六六四）である。三蔵とは、釈尊《しゃくそん》の説かれた教えである「経《きょう》」と、僧侶が守るべき規律をまとめた「律《りつ》」と、経典の解説書である「論」との三つを表し、この三つを究めた学僧を「三蔵法師」と尊称するが、唐の時代に活躍された玄奘があまりに優秀で、よく知られるようになったので、単に三蔵法師といえば、玄奘のことを表すこととなっている。

玄奘は、熱心に仏教を学び修行するのだが、どうしても漢訳の経典を学ぶだけでは限界があると感じて、仏典の原典を求めてはるばる印度《インド》へと旅立った。貞観《じょうがん》三（六二九）年、玄奘二十七歳の時に、国禁を犯して出国、灼熱のタクラマカン砂漠を歩き、厳寒の天山《てんざん》山脈を越えて様々な試練に遭いながらも、三年の歳月をかけてようやく印度にたどり着かれた。

ナーランダ寺で仏教を学び、帰路もまた艱難辛苦《かんなんしんく》を舐《な》めながら、仏像や仏舎利《ぶっしゃり》と共に膨大な梵語《ぼんご》の経典を携えて、貞観十九（六四五）年に長安に帰った。それから後の生涯を持ち帰った経典の翻訳にひたすら勤められた。その経典の中に、『大般《だいはん》若波羅蜜多経《にゃはらみたきょう》』（以下『大般若経』）六百巻も含まれている。

玄奘が『大般若経』六百巻を訳し終えたのが六六三年と伝えられる。日本には、和銅五（七一二）年に写経された『大般若経』が残っているので、交通も不便な時代にいかに速やかに我が国に伝わったかが分かる。

『大般若経』という題であるが、どういう意味であるかといえば、般若は智慧であり、波羅蜜多は完成や究極を意味するので、「大いなる智慧の完成」について説かれた教えである。

般若経典は、紀元前百年から紀元百年あたりに作られたとされていて、大乗仏教のおおもとになるような経典だ。印度の学僧は哲学思弁的であり、般若経典は、どんどん拡大して『大般若経』六百巻にまで増大した。しかしあまりにも膨大になってしまったために、今度は縮小されていく傾向が出てくるようになる。そうして縮小されたのが、世に知られる『般若心経《はんにゃしんぎょう》』である。

「五蘊皆空」の教え

般若経典を学ぶには、どうしてもそれまでの仏教の経緯を知らねばならない。仏教は、文字通り仏即ち釈迦牟尼《しゃかむに》の教えである。

ブッダは、人に生まれ人として悟りを得たと言われた。ブッダ自身、最も古いと称せられる『スッタニパータ』に、自ら悟った真理を「まのあたり即時に実現され、時を要しない法、すなわち煩悩なき（妄執の消滅）」を示したのだと明言されている（『スッタニパータ』第五章彼岸に到る道の章）。

しかしながら、ブッダの滅後には、弟子たちはブッダを尊崇《そんすう》たてまつるあまり、ブッダを我々には到底及び着くことのできない高く崇める存在として奉《たてまつ》った。我々凡夫には、ブッダには到り得ない様々な障礙《しょうげ》があると説いた。もちろんそれも事実であろう。そうして、その様々な障礙を分析することが主となって、存在の分析までを追求されて、アビダルマ仏教と言われる煩瑣《はんさ》な哲学となっていった。果ては、ブッダになるには三大阿僧祇劫《あそうぎこう》というとてつもなく長い時間がかかるといわれるようになる。「劫」だけでも気の遠くなるような長い時間を表すが、それが更に阿僧祇とは、十の五十六乗（一説に十の六十四乗）であるというので計り知れない年月だ。

しかし、そんな教えが本当のブッダのお心であったのか、疑念を抱きブッダの悟られた真理を本来こうであったのだと書き記されたのが、大乗経典の嚆矢《こうし》である般若経典であると私は見ている。

『般若心経』には、「五蘊皆空《ごうんかいくう》」と説かれている。五蘊とは「色受想行識《しきじゅそうぎょうしき》」という、五つの集まりのことである。

先ず「色」というこの肉体がある。肉体には眼耳鼻舌身意《げんにびぜつしんい》という感覚器官が具《そな》わっていて、外の世界に触れて何かを感じ取るのが「受」である。およそ眼に見えるもの、耳に聞こえるもの、舌で味わうものなど、自分にとって苦痛であるか、快いものであるかを見分ける。

苦痛と感じたものに対しては、怒りの思いを起こし、快いと感じたものには喜びの思いを起こす。これが「想」である。そしてその思いは増幅して、喜びだけではなく、更に欲しいという愛情になり、怒りは更に憎しみとなって攻撃的になる。これが意志を表す「行」である。

そうして外の世界を、自分中心の概念によって善と悪、是と非、美と醜など色分けして認識する。これが「識」である。

心を空っぽにする

これらの自分中心なわがままなものの見方が執着を生みだし、争いを起こし、苦しみの原因になってしまう。そのように様々な思いや認識で頭の中が一杯になってしまう。

五祖弘忍《ごそぐにん》（六〇一～六七四）という禅僧は、迷っている人の頭はゴミで一杯になった部屋のようであり、仏の心は、ゴミがすべて片づいて広々とした部屋のようだと譬《たと》えられた。同じ部屋でも物にあふれて散らかっていては狭い。現代人の多くがかかっている病は、たくさんの物を抱え込んで狭くなったら、なお部屋を広げれば良いと考えるところにある。

しかしそれは無理である。部屋を広くするには、物を片づけて、不要なものを捨て去ることにある。知識を詰めこむことばかりして、頭が一杯になっていないだろうか。様々な思いや感情が一杯になってあふれてはいないだろうか。

『般若心経』では、まずお互いの心を空《から》っぽにしようと説く。

坐禅をするのは心を空っぽにする修行である。五蘊を空っぽにする、眼で外のものを見ない、耳で外の音を聞かないように、好きだ嫌いだなどと判断をせず、ただ聞こえてくるに任せる。心でもあれこれ考え事をしないようにと言うのだが、考えるなとは難しいので、静かに呼吸をしていることに意識を集中する。鼻から息が出ている、鼻から静かに入っていることだけを見つめる。それをただ繰り返すと、だんだん心が空っぽになってくる。

すると、ちょうど心が恰《あたか》も鏡のように澄んでくる。鏡というのは中に映像がない、空《くう》であり、空であるからこそ、何でも映る。静かに坐っていると、逆に何でもきれいに心に映ってくる。

『般若心経』は、『大般若経』六百巻の内容を凝縮したものであるといわれるので、短い経典だが、内容は簡単ではない。

それを、奈良の薬師寺の高田好胤《たかだこういん》和上は、何回も何回も『般若心経』を講義されて、その心を、「かたよらない心、こだわらない心、とらわれない心、ひろく、ひろく、もっとひろく、これが般若心経、空の心なり」と喝破《かっぱ》された。私はまだ小学生の頃、高田和上の講演を拝聴した。深い感動を覚えて、奈良の薬師寺に『般若心経』や『薬師経』を写経して納めさせてもらった。

何にかたよらないのだろうか、自分中心にものを見たり聞いたりしてつくり上げた認識にかたよらないのである。自分勝手な思いにこだわらないのである。そんな自分でつくり上げた様々な思いなどにとらわれないのである。

坂村真民先生の願い

『般若心経』には「心無罣礙」という言葉が出てくる。心に引っかかり、障碍《しょうげ》となるものがないという意味である。心が空っぽになったと言ってもいいであろう。空っぽになっただけ広くなる。

広い心を持ちたい。酉年生まれの坂村真民先生は、最晩年八回目の酉年を迎えられ、「鳥になります」と色紙に認《したた》められた。なぜなら鳥には国境がないからだという。国と国とに本来境などはなかった。空だった。空とはひとつながりのことでもある。

「国境のない鳥になる」という真民先生の願いは、単に国と国との境がなくなるだけではなく、あらゆる相対の世界、差別の世界が本来平等なのだと示されたかったのだろう。五蘊でいうところの善と悪、是と非とお互いに主張して譲らないところから争いが生まれる。

真民先生は、最晩年に「無条件の祈り」を説かれた。何々のためにという条件のついた祈りでは対立はなくならないと見抜かれた。全く空であり、無である無条件の祈りが必要と言われている。

愛と憎、善と悪、明と暗、光と闇、これら数え上げれば切りのない差別があり対立がある。対立からは平和も幸福も生まれない。対立から離れた無差別平等の世界が「空」である。

古来、仏と吾とは遠く隔たるものとされてきたのだが、一遍上人《いっぺんしょうにん》は禅に参じて、

「唱ふれば仏も吾もなかりけり　南無阿弥陀仏　南無阿弥陀仏」と詠われた。仏と吾と隔てない「空」の世界を体得されたのだ。

真民先生は、

「般若心経のなかで
ただ一つ
普通の人間にでも
できるのは
心無礙であろう
……
心にひっかかるものが
無いというのは
人間最高の美しさだ」

と詠われた。時には差別すること、批判すること、対立することをやめて、心を空にする、ひっかかるものがない広い世界を大切にして生きてゆきたい。

「無の祈り空の祈りに徹すれば
真の平和は確実に来る」

（『坂村真民全詩集　第八巻』）

獅子吼《ししく》

――どうすれば平和を実現できるか

越格の禅僧、釈宗演老師

釈宗演《しゃくそうえん》老師は、かの夏目漱石《そうせき》が参禅された師であり、鈴木大拙《だいせつ》が渡米するきっかけをつくった人でもあり、『広辞苑』にもその名が載せられている。奇《く》しくも平成三十年は、釈宗演老師の百回忌《き》の年に当たっている。

『広辞苑』には「臨済宗の僧。号は洪岳。福井県の人。妙心寺の越渓《えっけい》、円覚寺《えんがくじ》の今北洪川《いまきたこうせん》(一八一六~一八九二)などに就いて参禅、近代的な禅の確立に努めた。円覚寺・建長寺管長、京都臨済宗大学長。(一八五九~一九一九)」と記されている。「近代的な禅の確立」とあるように、古い体制を打破し、近代にふさわしい活躍をされた禅僧であった。

生まれたのは、安政六(一八五九)年であり、あたかも安政の大獄の最中であった。徳川幕府が終わりを告げ、明治新政府が開かれようとする激動の時代に生を享けられた。

幼少から京都の妙心寺で修行を始め、その後建仁寺でも修行され、二十歳の頃に鎌倉の円覚寺に来て、当寺の管長であった今北洪川老師に師事された。普通であれば、十年ないしは二十年もかかろうかという伝統の禅の修行を、わずか五年ほどで

仕上げられ、二十五歳には「老師」と呼ばれるようになり、既に今北洪川老師から、将来の円覚寺を託されるようになられた。これだけでも、如何《いか》に俊英なる禅僧であるか窺《うかが》い知れるが、宗演老師は単にそれだけで満足されなかった。

二十七歳で、慶應義塾大学に入って、英語を学ばれるのであった。今でこそ大学に入ることは、驚くべきことでもない

が、この時代に慶應義塾に入ることは、容易なことではない。今北洪川老師も慶應に行くことには猛反対されているように、既に常識を打破した行動であった。そこで福沢諭吉先生とも親交が深まった。福沢諭吉先生とのご縁もあって、この度の百回忌を記念して、慶應義塾大学で釈宗演老師の特別展が行われた。

慶應で英語を学び、当時の最先端の知識に触れた宗演老師は、更にセイロン（現・スリランカ）に行って仏教の原典を学ぼうとされた。

このセイロン行きも、福沢諭吉先生の勧めがあったようである。

今の時代とは違って、この時代にセイロンに行って学ぶことは、まさしく命がけであった。宗演老師のことを学んで驚かされるのは、その並外れた行動力である。尋常一般の範疇《はんちゅう》を高く超えた非凡の力量を具《そな》えていることを、禅では「越格《おっかく》」と称しているが、宗演老師はまさに越格の禅僧であった。

危機意識を持つ

仏教の原典を学びたいと思い、旅立ったのだが、宗演老師が現地で目の当たりにしたものは、当時イギリスの植民地になっていた現地の人の悲惨な有り様であった。もちろんのこと、仏教の原典に用いられるパーリ語も習得され、仏陀《ぶっだ》以来の戒律を守られる僧侶の姿に感動するのであったが、英国の植民地となって苦しむ人々の姿には愕然《がくぜん》としてしまう。主権を持たない国がどんな目に遭うかを知ることとなる。そんなことを『西遊《さいゆう》日記』にも記されている。

また往復の船に乗っていても、東洋人であるからというだけで、不当な差別待遇を受ける。満足な食事すら与えられなかったりしたのだ。実に宗演老師は、セイロンに行く体験を通して、今世界において日本やアジアの国がどのような状況下にあるかという時代認識を新たにすることができたのである。

セイロンにいる間、福沢諭吉先生に出した手紙の中には、「全体東洋人民も、一種優柔不断という病気を持ち、自由、権利、興益、交通の良薬を服せず、只太平無事の人参剤にて……一朝敵国外患に会うては……将棋倒しに倒れ去るは実に気の毒」と書かれているように強い危機意識を抱かれて帰国された。

日本に帰って間もなく、今北洪川老師は亡くなり、宗演老師はわずか三十四歳で円覚寺の管長になられた。しかし、宗演老師の危機意識は消えるどころか、却《かえ》って深まっている。当時の日本においては、明治維新のあと廃仏毀釈《はいぶつきしゃく》があって、仏教教団は大きな打撃を受けていた。近代国家へ向けて富国強兵へと突き進む中で、人々の仏教への関心は一層薄らいでいる。

危機意識は今北洪川老師も持っていて、既に広く一般の人たちにも坐禅の門戸を開放し、居士林《こじりん》を開き、東京から参禅に来る者もいたのであった。その中に後の鈴木大拙もいたのである。しかし、それだけでは十分とは言えない、何かをしなければならないと宗演老師は思っていたのであろう。

シカゴ万国宗教会議へ

宗演老師が円覚寺の管長に就任された翌年、シカゴで万国宗教会議が催された。この会議は十七日間にも及び、六千人という多くの方が参加された大会議であった。これは、ダーウィンの『進化論』が発表され、近代科学が発達するにつれて、この世界は神が造ったものだというキリスト教信仰が揺らぎ始めて、危機感を抱いたアメリカによって開かれたものであった。

日本の仏教界にも参加の依頼があったのだが、当時の仏教界は疲弊していて、キリスト教の国に行っても仏教の主張は理解されがたく、却ってキリスト教に呑みこまれてしまうと考え、出席には積極的ではなかった。

しかし、そのような中であるからこそ、出るべきだと考えたのが宗演老師であった。宗演老師をはじめ四名の僧侶がシカゴの宗教会議に出席されたのだ。

このシカゴでの宗演老師の演説は大成功であり、この演説を聞いたポール・ケーラス博士が深く感銘を受けて、宗演老師の帰国後に、英語に堪能な者を派遣してほしいと依頼され、鈴木大拙が渡米することとなった。

シカゴでの演説は二回行われた。一回目は、『仏教の要旨並びに因果法』と題して、仏陀の教えの基本は因果の法であると説かれた

この世の迷い苦しみをつくり出すのは、自らの欲望によるものであって、他からつくり出されたものではなく、この苦しみから逃れるのも、自らの行いと自覚によ

るものであることを演説されたのであった。

これは、近代科学とも何等《なんら》抵触することのない宗教のあり方を示されたのであった。


更に宗演老師は、『戦ふに代ふるに和を以てす』というもう一つの演説をなされた。この演説をなされた記録は、二種類残されていたのだが、この度の慶應義塾での展示に際して調査した結果、宗演老師が用意されたとみられる英文の原稿が発見されて、どちらの記録が正しいか確かめることができた。

当時アジア諸国を植民地支配している西欧の人たちを目の前にして、宗演老師は戦争の愚かさを説き、真の平和を実現するものは何かを説かれた。

一部を紹介すると、「戦争が私達に何をもたらしてくれるというのでしょう？何も、もたらしてはくれません。戦争とは、弱い者が、強い者に虐《しいた》げられることに過ぎないのです。戦争とは、兄弟同士が争い、血を流し合うことに他ならないのです。戦争とは、強い者が、結局何も得るものがない一方で、弱い者が、すべてを失うことなのです」と説かれ、更に、どうすれば平和を実現できるかについて「私達の願いは、どのようにすれば、本当にかなえられるのでしょうか？　それを助けてくれるのが、真の宗教なのです。真の宗教が、慈悲《じひ》と寛容の源なのです。真の宗教の本分は、普遍的な人類愛と恒久《こうきゅう》の平和という崇高《すうこう》な願いの実現にあるといえるのではないでしょうか。そして、そのために、私達が中心となり、原動力とならねばならないのではないでしょうか」と喝破《かっぱ》されている。

そして「そのためにも、人種の違いで、差別があってはいけません。……思想や信条の違いで、差別があってはいけません。信仰や宗派の違いで、差別があってはいけません」と述べて、キリスト教ともお互いに認め合い手を取り合うことを訴えられている。（訳文は『禅文化』一六八号、「戦争という手段に訴える前に」安永祖堂老師訳による）

この時代の仏教者が「人類愛」という言葉を使われることは極めて珍しい。宗演老師のお心がよく表れている。世界の平和を実現する「真の宗教」を目指されたのであろう。

シカゴから帰国された宗演老師は国内でも大いに活躍され、四十六歳で管長を辞され、再度渡米してはルーズベルト大統領とも会見して平和について語り合っている。

仏陀の説法を「獅子吼《ししく》」と称する。獅子の一吼《ほ》えによって百獣が恐れおののくことに譬《たと》えられる。まさにシカゴでの宗演老師の演説は「獅子吼」であったと言えよう。この平和への思いを忘れてはならない。

第三章

自己をつかむ

象罔到る時《しょうもういたるとき》、光燦爛《ひかりさんらん》
——頭ではなく、腹で考える

禅語を学ぶための三つの要素

「象罔到る時、光燦爛、離婁行く処浪滔天《りろうゆくところなみとうてん》」という禅語である。難解な禅語のようであるが、以下のような故事に基づいている。

中国の伝説の王である黄帝《こうてい》が、ある時赤水《せきすい》の北に遊んで、崑崙《こんろん》の丘に登って帰ってきたが、玄珠《げんしゅ》というすばらしい珠《たま》を忘れてきた。そこで、すぐれた知恵を持っている知《ち》という者に捜させたが、捜し得なかった。更に喫詬《かいこう》という弁の立つ者に捜させたが、それでも見つからない。それから離婁という、百歩離れた所からでも毛の先がよく見えたというきわめて視力がすぐれた者に捜させたがそれでも見つからない。最後に、象罔に捜させたら、ようやく見つかったという話である。『荘子《そうじ》』の天地篇に出ている話である。象罔とはうすぼんやりとしていてものもよく見えない者であるという。

この寓話は何を表しているのであろうか。

この夏（平成二十八年）に、唯今連載している「禅語に学ぶ」を単行本にして『人生を照らす禅の言葉』として上梓させていただいた。そのカバーの見返しに、禅語を学ぶ三つの要素として、「一、腰《こし》骨《ぼね》を立てる　二、丹田に力を込める　三、長い息をする」と明示している。

禅語を読むのに、いったいなぜ腰骨を立て、丹田《たんでん》に力を込め、長い息をすることが大切なのか、不審に思われる人もあろう。これは、私自身の実体験から得たことである。臨済宗の修行では、坐禅と共に禅問答を行うことを大切にしている。

今でも、私は毎朝毎晩、修行僧と問答を続けている。問答は「公案《こうあん》」と呼ばれる問題について、師家《しけ》（禅の修行を終えて指導する僧）が修行僧に対して見解《けんげ》を求める。修行僧はその公案に対する自分なりの見解を師家に示し、判断を仰ぐ。

およそ千七百の公案があると言われるが、数百の公案について問答を繰り返す。禅書『無門関《むもんかん》』には四十八則の公案があり、同じく『碧巌録《へきがんろく》』には百則の公案がある。

それぞれの公案について、はじめは平易な現代語で自己の見解を述べ、それが伝統の見解と合致したと師家が認めたら、今度は、その公案の見解にふさわしい禅語を選んで示す。これを「著語《じゃくご》」という。伝統の著語には、白隠禅師などが選んだものが伝えられている。

そこで、『禅林句集《ぜんりんくしゅう》』という禅語を集めた書物などから一語を選んで、師家に示し、師家に伝えられた伝統の禅語と一致すれば、そこでようやく次の公案に進むことができる。何千という禅語から一語を選ぶので、伝統の著語と合致するのは容易ではない。

そうしていくつもの禅語を探すうちに気がついた。頭であれこれ考えて探すとかえって見つからない。姿勢を正し、腰骨を立て、丹田に力を込めて長い息で心を調えることに重きをおいていると、自然と禅語が見つかるということを体験した。

黄帝が玄珠を捜させるのに、知恵のある知でも見つからず、弁の立つ者でも駄目で、何でもよく見える離婁でも波が逆巻くばかりで全く捜せないが、象罔が行くと光が燦然と輝いて見つけ得たのと同じことである。

思いや志は腹から湧いてくる

『荘子』には、「渾沌《こんとん》」の話もある。南海の帝王を儵《しゅく》と言い、北海の帝王を忽《こつ》と言い、中央の帝王を渾沌と言う。儵と忽とが、ある時渾沌の地で出会い、渾沌は二人の王を大変手厚くもてなした。そこで儵と忽は渾沌の恩義に報いようと相談した。「人は皆七つの穴（目二つ、鼻二つ、耳二つ、口一つ）が備わっていて、これらで見たり、聞いたり、食べたり、呼吸をしている。しかし、渾沌には七つの穴がない。かわいそうだから、ためしに穴を開けてあげようではないか」と。そうして一日に一つずつ穴を開けていった。すると、七日たってようやくすべての穴が開いたと思ったら、何と渾沌は死んでしまっていたという話である。

何とも奇妙な話だが、渾沌は決して悪い意味で用いられているのでなく、人間のさかしらさが、自然の純朴さを破壊してしまうことを戒めている。

この「渾沌」の話を、鈴木大拙《だいせつ》先生が著書に引用されている。そこでは、渾沌で表そうとしているのは、「目とか鼻とかいう特別な官能を司《つかさど》る身体の一部ではなくて、身体という全存在で受け入れるはたらき」であると言われている。

更に大拙先生は、こんな興味深い話を書かれている。アフリカの原住民に、アメリカの人が、「自分らは頭で考えている」と言うと、その住民たちは、驚いて「それは気が狂っている、自分たちは腹で考える」と答えたという。こういう頭で考えるのではなく、腹で考えるのが、荘子の説かれる渾沌だと大拙先生は言われている。

腹というと、東洋の思想かと思うが、別段東洋に限ったものではなく、大自然と共に暮らしている人には、この腹が分かるのであろう。

現代社会においては、論理力や分析力に優れた、いわゆる頭のいい人が重んじられる。しかし、人生は極めて複雑であり、すべてのことが理論だけでは解決しない。昔から日本人は、「頭がよい」などと褒められるよりも、「腹ができている」とか「腹の据わった人物だ」と言われるほうがずっと名誉なことであった。誰でも、肩の力を抜いて下腹に意識を集中してみると、それだけで、頭が中心でなく、身体全体が一つにまとまるのを感じることができよう。

下腹を「丹田」とも言う。また「気海《きかい》丹田」と言うこともある。気力の湧いてくる源泉である。人の思いや志、願いなどが湧いてくるのも、頭からではなく、腹からである。

大拙先生は、現代の人々がこの腹の感覚を忘れてしまって、頭が中心になっていることに警鐘《けいしょう》を鳴らされている。

「西洋人は、物の分かれてゆくところを見るに敏捷《びんしょう》で、今日の文明・文化は悉《ことごと》くそこから出発し、進展したもの、世界はそれで風靡《ふうび》せられているが、それだけでは自滅の域に突進するよりほかない」

「西洋人は『腹』をわすれ、物の未分性に徹底せず、渾沌を殺すことにのみ汲汲《きゅうきゅう》として、渾沌をそのままにして、しかも十分の働き――実はさうしないと、働かぬのだ――を怠りがちにする」

「東洋文化の根柢には、天地未分以前、論理や哲学の出来ぬ先の、一物があつて、さうしてそれを意識して来たといふところ……これを忘れてはならぬ。これが今日の世界を救ふ大福音であるのを、今の日本人は、若いものも、かなりの年の人ゝさへも忘れてゐる。実は日本や東洋だけの話ではないのだ」

（『鈴木大拙全集　第二十巻』）

すべてがとけあういのちの世界を感じ取る

坂村真民先生には「みめいこんとん」という詩がある。いつも午前零時に起床されて祈りを捧げられていた先生ならではの詩である。

「わたしがいちにちのうちで
いちばんすきなのは
みめいこんとんの
ひとときである
わたしはそのこんとんのなかに
みをなげこみ
てんちとひとつになって
あくまのこえをきき
かみのこえをきき
あしゅらのこえをきき

しょぶつしょぼさつのこえをきき
じっとすわっている
……
すべてはこんとんのなかに
とけあい
かなしみもなく
くるしみもなく
いのちにみち
いのちにあふれている
……」

（『坂村真民全詩集　第二巻』）

目で見える姿や、耳で聞こえる情報にばかり振り回されては本質を見失う。善と悪、是と非、頭で分けて考えることには争いがつきまとう。時には静かに坐って腹に心をおさめて、ゆったりと呼吸をして、なんの差別もない、すべてがとけあういのちの世界を感じ取ることが大切だ。

腹、気海丹田からこそ気力が湧き、志や願いも起こってくる。自分の進むべき道もはっきりとしよう。象罔が光を燦爛と放つ世界でもあろう。それこそが、自滅の道を回避し、今の世の闇を照らす光明であると信じる。

一撃《いちげき》、所知《しょち》を忘《ぼう》ず
——生きている命こそが尊い

絶体絶命の時、どうするか

私が初めて、禅の語録に触れたのは、まだ小学生の頃であった。生家の近くにあった禅寺に坐禅会に行って、そこで和歌山県由良町興国寺《ゆらちょうこうこくじ》の目黒絶海《ぜっかい》老師という方のお話を拝聴した。中国宋《そう》代の禅書『無門関《むもんかん》』の提唱であった。提唱とは、禅門では単なる講義とは一線を画《かく》し、禅の奥義を究めた老師が、語録を通して自らの禅体験を披瀝《ひれき》するものである。

まだ小学生だった私には、提唱の何たるかも分かるはずもなかったのだが、老師と呼ばれる方の、風貌《ふうぼう》、たたずまい、その威厳に心打たれた。当時同学年の友人を病で亡くし、人は死んでどうなるのか、どこへ行くのか、言い知れぬ不安を抱えていたのだが、その老師のお姿に触れて、死の問題を解決する道はここにあると直観した。私の禅修行の第一歩であった。

目黒絶海老師から初めて伺ったのは、『無門関』の中でも第五則にある「香厳上《きょうげんじょう》樹《じゅ》」という話であった。『無門関』の原文に「香厳和尚云《いわ》く、人の樹に上《のぼ》るが如し。口に樹枝《じゅし》をふくみ、手に枝をよじず、脚樹《あしじゅ》を踏まず。樹下《じゅげ》に人あって西来意《せいらいい》を問わんに、対《こた》えずんば他《た》の所問《しょもん》に違《そむ》く。若《も》し対えなば喪身失命《そうしんしつみょう》せん。正恁麽《しょういんも》の時作《そ》麽生《もさん》か対えん」とある。

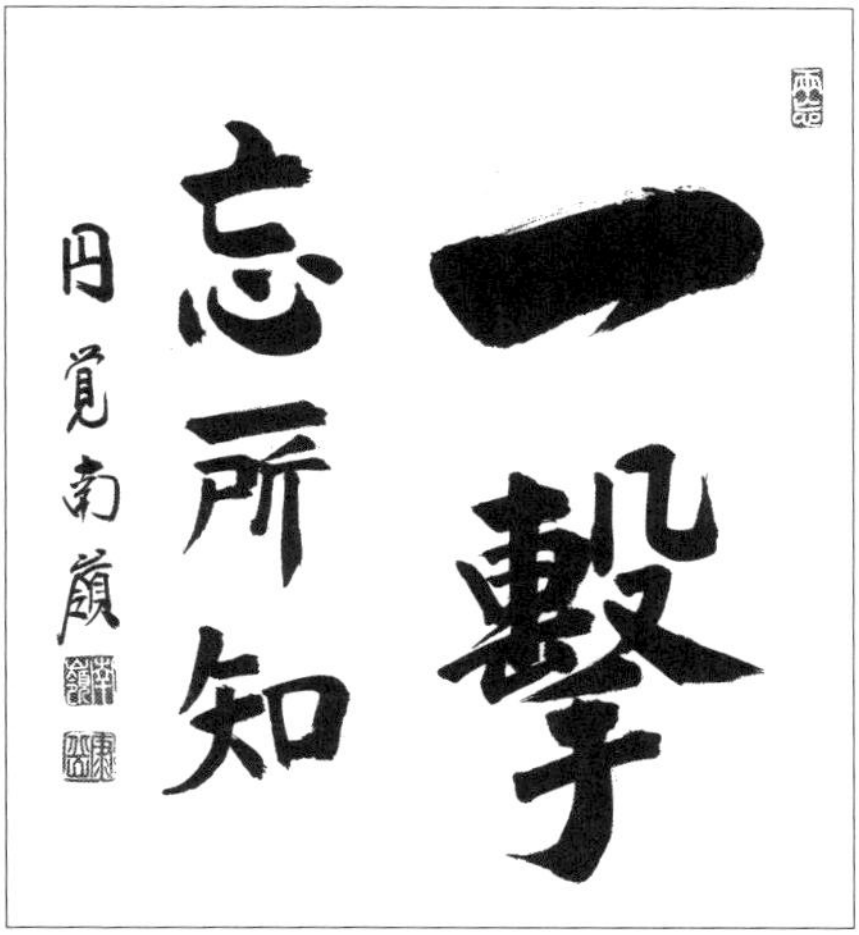

訳すと、香厳和尚が皆に問題を出された。人が木に登った時に、口で枝をくわえて、手も枝を握っていないし、脚も枝を踏んではいない。全《まった》く口だけで枝にぶら下がっている、まさにそのような時に、木の下に人がいて、西来意を問われた。

この場合の西来意とは、禅とは何かという問いである。下から人に、和尚さん、禅の教えとはいったいどんなものですかと聞かれたらどう答えるのかという問いである。若し答えなければその人の問いかけに背《そむ》くことになるし、答えれば木から落っこちて命を失ってしまう。こんな絶体絶命の時、さあどうするかというのが香厳和尚の詰問《きつもん》である。

ここで大事なことは、どんなにたくさんの経典を学んでいても役に立たないということだ。言葉では何も語れないのである。それから過去に蓄えた知識も役には立たないということ。更に後で答えましょうという話も通用しないことである。言葉でもない、過去でも未来でもない、今この時、どう答えるのかという問いかけである。興国寺の目黒絶海老師は、『無門関』の中でもこの公案を得意とされていた。

本来の自己とは何か

香厳和尚が、このような難問をどうしてなされたのか、それはご自身の修行体験によっている。香厳和尚は、お若い頃から非常に俊才怜悧《しゅんさいれいり》、一を問えば十を答える、弁も立つし聡明な方であったという。この方が潙山《いさん》和尚の下で修行していた時に、潙山和尚から一つの問題を出された。

「あなたがまだ生まれる前の、本来の自己とはどのようなものか」という問いであった。聡明な香厳のこと故、すぐさま答えを示す。潙山和尚からだめだと言われてもまたすぐに答えを出す。しかしながら何を答えても、潙山和尚はその悉《ことごと》くを否定して全く許さない。とうとうさすがの香厳も答えることがなくなって、潙山和尚に答えを求めた。お手上げになったのだ。

しかし、潙山和尚は、私が答えてあげれば、それは私の答えであって、あなたのものにはならないと突き放す。とうとう行き詰まってしまった香厳は、今まで学んで蓄えてきた仏法のノートを全部、「画餅《がべい》は餓《う》えを充《み》たさず（絵に画《か》いた餅では腹はふくれない）」と言って焼却してしまった。そこで当時中国で慧忠《えちゅう》国師と讃《たた》えられた祖師のお墓の掃除をしようと、墓守になった。毎日毎日ただひたすらお墓の掃除をしていた。もちろん掃除をしながらも、本来の自己とは何か深く参究《さんきゅう》していたのであろう。

ある日のこと落ち葉を掃《は》いて集めて、竹藪《たけやぶ》に捨てた。そうしたら落ち葉の中に小石が交ざっていたのか、その小石が竹に当たってカチーンと音がした。その音を聞いてたちまち気がついた。「そうだこれだ」と。

そこではるかに潙山和尚のいらっしゃる方に向かって恭《うやうや》しく礼拝をした。「あの時に何も教えてくれなかった、そのおかげです。もし何か教えてくれていたら今日の喜びはありませんでした」と深く感謝したのだ。


その時の悟りの心境を漢詩に表している。その冒頭の一句が、「一撃所知《しょち》を忘ず。更に修治《しゅうじ》を仮《か》らず」である。小石が竹に当たって、カチーンと響いた、その音、カチーンと聞いた端的、これは学問が有るだのないだの、性格だの経歴だの、何にも関わりない。カチーンと鳴ったら、そのままカチーンと響く、こちらもただカチーンである。

これを純粋な心のはたらきとでも言おうか、いのちの躍動とでも表現しようか、これこそが本来の自己にほかならない。「更に修治を仮らず」ということは、修行を積んだから聞けたわけではなく、音を聞こうと心構えを十分にして聞けたわけでもない。修行するしないも、知識の有るなしも関係なしに、ただカチーンと聞いただけである。

以下の漢詩の原文は省略するが、およその意味を記してみる。

「このカチーンと聞いたものに気がつけば、もはや何をしていても本来の自己を離れることはない、今も常に生き生きとはたらきづめにはたらいている。手を挙げても足を運んでも何をしていても仏さまや祖師の伝えた道から踏み外すことはない。しかしそれはけっして何か物寂しい消極的な境地ではない。空寂《くうじゃく》の中にすばらしいはたらきがある。それでいて、そのはたらきには何のあとかたも残さない。五感や思慮《しりょ》は生き生きとはたらいているが、それはすこしも滞《とどこお》らず全く自然で無心である。これこそまさに道に達した人々が上々のはたらきだといったものである」という意味である。

「一撃」に込められた思い

円覚寺の修行道場で、師家《しけ》（禅の指導者）が住んでいる建物を「一撃亭《いっきゃくてい》」という。これは、江戸時代に大用国師《だいゆう》（誠拙周樗《せいせつしゅうちょ》）が、修行道場を建て直した時に、ご自身の住まいを「一撃」と名付けられたことによる。

そこに小さく瀟洒《しょうしゃ》な門があって、「一撃」と書かれた額が掲げられている。その柱に聯《れん》が掛けられていて、円覚寺の開山仏光《ぶっこう》国師（無学祖元）の漢詩が書かれている。

「怪しむこと莫《なか》れ、当路《とうろ》の筍《たかんな》を除かざることを要す、君が此《ここ》に来って立つこと須臾《しゅゆ》ならんことを」という詩である。「門のあたり、道の真ん中に筍《たけのこ》が出ているが、この筍を採らないでいることを不思議に思わないでほしい。ここであなたにほんのしばらくでも立ち止まってほしいからなのだ」という意味である。

それは、遠い昔、香厳和尚が、本当の自分とは何か求めて、毎日毎日墓掃除をしていて、小石が竹に当たってカチーンと響いた、その音を聞いて気がついた、そんな古人の苦労を少しは立ち止まって、思ってほしいという仏光国師の気持ちなのだ。奥ゆかしい国師の心がしのばれる。

人の値打ちとは何であろうかを思わされる。「香厳上樹」で問われたことは、いざという時に言葉や知識や経歴などは役に立たないということだ。

本当の値打ちは、それがなくなった時、あるいはなくなりかけて分かるといわれるが、普段あたりまえにあることはなかなかその値打ちが分からない。

たとえば、言うことを聞かない子があったとすると、いくら困った子だと思っていても万が一、その子がいなくなってしまったら、どうだろうか。親は必ずどうか生きていてくれれば、命さえあればと願うものだ。生きていること、命のあること、これ以上尊いものはない。竹に小石がカチーンと当たった、カチーンと聞いたのは、このいのちである。いのちあればこそ聞いている。このいのちこそ実に本来の自己であり、仏さまの心であって、これ以上尊いものはありはしない。

世の中は思うに任せぬことが多い。博覧強記を誇っても、年を取ったり病気をしたりすると、物覚えも悪くなる、弁舌さわやかな人でも、何かのことでもの言わぬことだってあろう。しかしそれで何の値打ちもなくなるわけではない。生きているそのいのちこそが尊いのだ。一撃に目覚めるいのちの尊さを忘れてはならぬ。

托鉢の様子

逝《ゆ》く者は斯《か》くの如《ごと》きか

――無常を見つめ、無我に目覚める

川上の嘆

『論語』子罕《しかん》第九にある有名な言葉である。「子、川の上《ほとり》に在《あ》りて曰《いわ》く、逝《ゆ》く者は斯《か》くの如《ごと》きか。昼夜を舎《や》めず」というのが全文だ。

この句は、読み方もいろいろあり、解釈も様々である。「昼夜を舎《お》かず」と読む場合もある。岩波文庫では金谷治《かなやおさむ》先生が、「昼夜を舎めず」と読まれている。禅語には、『論語』や中国の古典や漢詩から引用されているものも多い。

世に、「川上《せんじょう》の嘆《たん》」としても知られている。金谷治先生の訳によれば「先生が川のほとりでいわれた。『すぎゆくものはこの（流れの）ようであろうか。昼も夜も休まない』」となる。

孔子の悲観の言葉であるとする解釈が多い。年老いたことを悲観したものであるとか、年月は過ぎ去り、道が興《おこ》らなかったのを悲観したとか、または過ぎ去った年月は取り戻せないのを悲観したなどと説明される。

古来、文明は川のほとりで生まれたと言われるが、人は川を見ては多くのことを考えてきたのであろう。

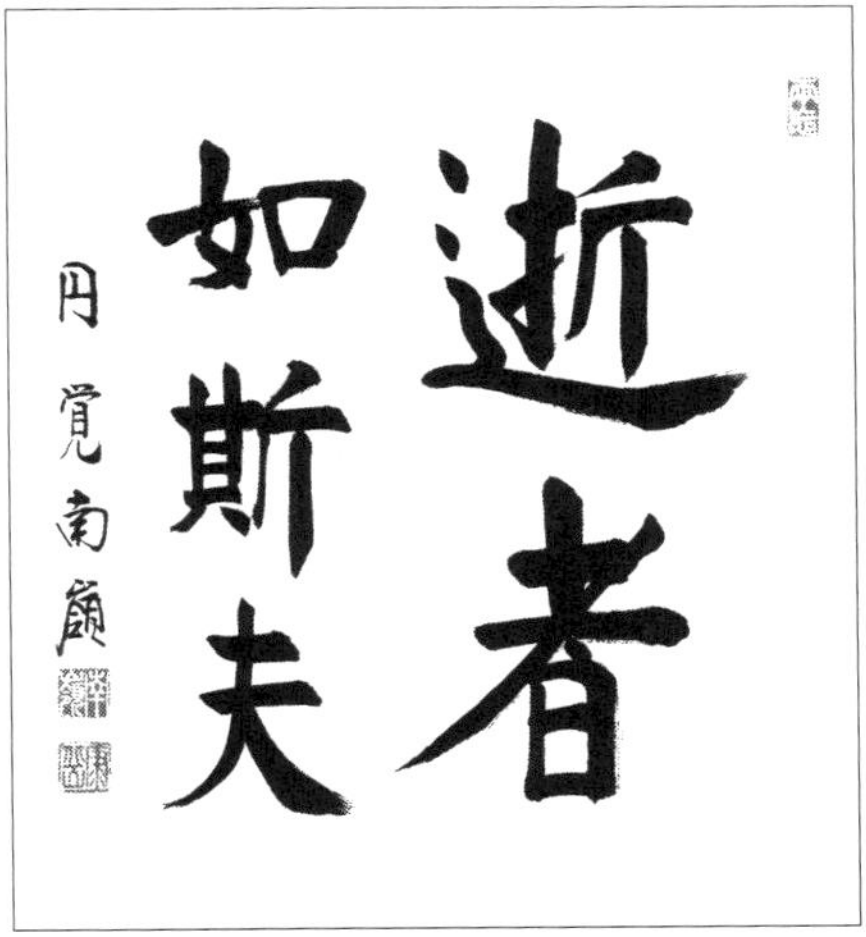

無常という真理

川を見て感じるのは、なんといっても「無常《むじょう》」であろう。常ではないということだ。見ている間にも、同じ川のように見えながら、その水は既に移り変わっている。同じ川は一時たりとも存在しないのである。

私は、よく仏陀《ぶっだ》の言葉を重ね合わせて味わう。以前、本連載でも紹介したことのある言葉だが、「わき目をふらず　華をつみ集むる　かかる人をば　死はともない去る　まこと　睡《ねむ》りにおちたる　村をおし漂《さら》す暴流《おおみず》のごとく」とあり、この言葉に触れると、東日本大震災のすさまじい津波の惨状《さんじょう》を思い起こす。仏陀がこんな言葉を説かれているということは、遠く二千数百年の昔から、人はこのような悲惨な状況を幾度も目の当たりにしてきたのであろう。

今年も三月十一日がめぐってくる。それぞれの思いが深いことであろう。私自身も震災を機に多くのご縁をいただき、自らの生き方も考えさせられた。あの人、この人、今どのような思いで暮らしておられるだろうかと慮《おもんばか》る。

気仙沼にある同じ臨済宗のお寺の和尚は、もともと避難所に指定されていた寺だったのだが、津波で新築したばかりの本堂諸堂を悉《ことごと》く流されてしまった。本堂再建に苦労された多くの檀家《だんか》さんたちもお亡くなりになった。

震災から五年が経った春に、もうそろそろ復興の風が吹いてほしいとの願いも込めて、「春風吹いて又生ず」という禅語を色紙に揮毫《きごう》して送ってあげたのだが、和尚からの礼状には「春風が待たれます」との一言があって考えさせられてしまった。まだまだ復興は遠いのだと。

震災から六年目に南相馬市にお住まいのご婦人に拙著『二度とない人生だから今日一日笑顔でいよう』をさし上げたところ、こんなお礼状をいただいた。「本をいただき有難うございました。二度とない人生だから今日一日は笑顔でいよう、心にしみるよい言葉です。私は台所に大きな鏡をおいて笑顔をつくる努力をしています。前よりはやさしい顔になったように思っています。震災後いつの間にか歯を食いしばってばかりいたら、奥歯がわれてしまいました。一人でいるといまもやはり歯を食いしばっていて、ものすごくアゴとこめかみが疲れます。生きてゆく力が無くなる時があります」と書かれていたのであった。

歯を食いしばり奥歯がわれるほどの悲しみ、苦しみ、怒り、それは計り知れない。このご婦人はご子息を亡くされていたのであった。そんな無常の中をお互い生きてゆかねばならない。

無我という真理

仏陀の悟ったのは、無常という真理と共に無我《むが》という真理がある。

無常は、川の流れのように、一時も同じ状態ではなく移り変わってゆくという真理であり、そのように見ることは難しくない。しかし、無我の方は少々難しい。

無我とは、我無しということである。すべてのものは、ひとりあらずとも説かれる。この無常と無我という二つの真理こそは、仏陀の教えの根本である。

無常を見つめたならば、次には必ず無我という真理に目覚めることができる。

東日本大震災の折に、被災地の方がこのような歌を残されていた。

水求め五時間並ぶ雪の空　見知らぬ同士で傘さしかけつつ

震災という無常を目の当たりにして、お互いに大変な思いをしている者同士が、いたわり合っているのである。自分だけではない、自分一人ではないという思いである。

自分一人ではないということは、多くの人やもののおかげということでもある。そこからこそ、慈悲《じひ》の心、思いやりの心が生まれてこよう。

時代の激流の中で

古人は川の流れを見て、人生に思いを致した。坂村真民《しんみん》先生は、重信川《しげのぶ》という川のほとりに晩年お住まいになり、毎日暁天《ぎょうてん》の河原で祈りを捧げられた。私もまた、熊野の新宮で生まれ育ったので、十八歳までは毎日熊野川を見ていた。川はいろいろなことを教えてくれる。

真民先生は「川は師であった」という詩を残されている。

「わたしは川から
多くのものを

学んできた
川がわたしに
人生を教え
真理を
告げてくれた
……」

（『坂村真民全詩集　第七巻』）

しかしながら、今はどうだろうか。静かに川の流れを見つめるゆとりさえも失われつつあるのではないか。

谷川俊太郎氏に、新幹線が出来た頃の「急ぐ」という詩がある。

「こんなに急いでいいのだろうか
田植えする人々の上を

時速二百キロで通り過ぎ
私には彼らの手が見えない
心を思いやる暇がない
……」

と。

今の時代は、新幹線よりももっと速く流れているのではないだろうか。「川上の嘆」どころではない。

流れる川ばかりに目を取られてはいけない。その川を見つめる人を忘れてはならない。そして人は心である。川を見つめ無常であることが分かれば、一人ではないという無我である道理も見えてくる。お互いが助け合うことの大切さも分かる。支え合い、思い合い、そのつながりの中でこそ人は生きることができる。

無常の中で常なるものを見いだすことを忘れてはならない。常に変わらないものは何か。

私が作成した『延命十句観音経《えんめいじっくかんのんぎょう》』の和讃《わさん》に、

「われを忘れて
ひとのため
まごころこめて
つくすこそ
つねに変わらぬ
たのしみぞ
まことのおのれに
目覚めては
清きいのちを
生きるなり」

という言葉がある。

急ぐあまり大切なものを見失っていないだろうか。三月十一日、東日本大震災から七年が経つ。鎌倉では、震災を契機に神道《しんとう》、キリスト教、仏教とそれぞれの宗教者が教えの違いを超えて心を一つにして祈るようになった。毎年三月十一日に、鶴岡八幡宮の宮司《ぐうじ》様を筆頭に、キリスト教会の神父牧師、仏教僧侶が一堂に会して祈っている。今年は大仏様の前に集う。

また震災のあったあの夜、停電の暗闇の中で不安な夜を過ごしたことを忘れないように、三月十一日の夜は、「ローソクナイト」というお誘いをしている。その夜は、ご家庭やお店で、照明やテレビを消して、ローソクに火を灯し、被災された皆様に心を寄せ、復興をお祈りする時間を持つように勧めている。今年は、こんな私の拙《つたな》い言葉を添えて「ローソクナイト」を呼びかける。

「東日本大震災から　七年がたちます　わたしたちは　震災によって　この世にあるものが　いかに　もろいものであるか　知りました　いつ何が起こるか　わからないと　思い知らされました　そして　人は一人では　生きられないと　学びまし

た　ささえあい　思いあい　そのつながりの　なかでこそ　生きてゆけるのです
被災地には　まだあのときから　時間が止まったままの　人たちもいます　まだ心から笑うことの　できない人たちもいます　今宵《こよい》祈りの灯をともして　いつくしみの心で　思いを馳《は》せましょう　かの被災地へ」と。

震災から何を学んだのか、そしてこれからどう生きるべきか、考えなければなるまい。

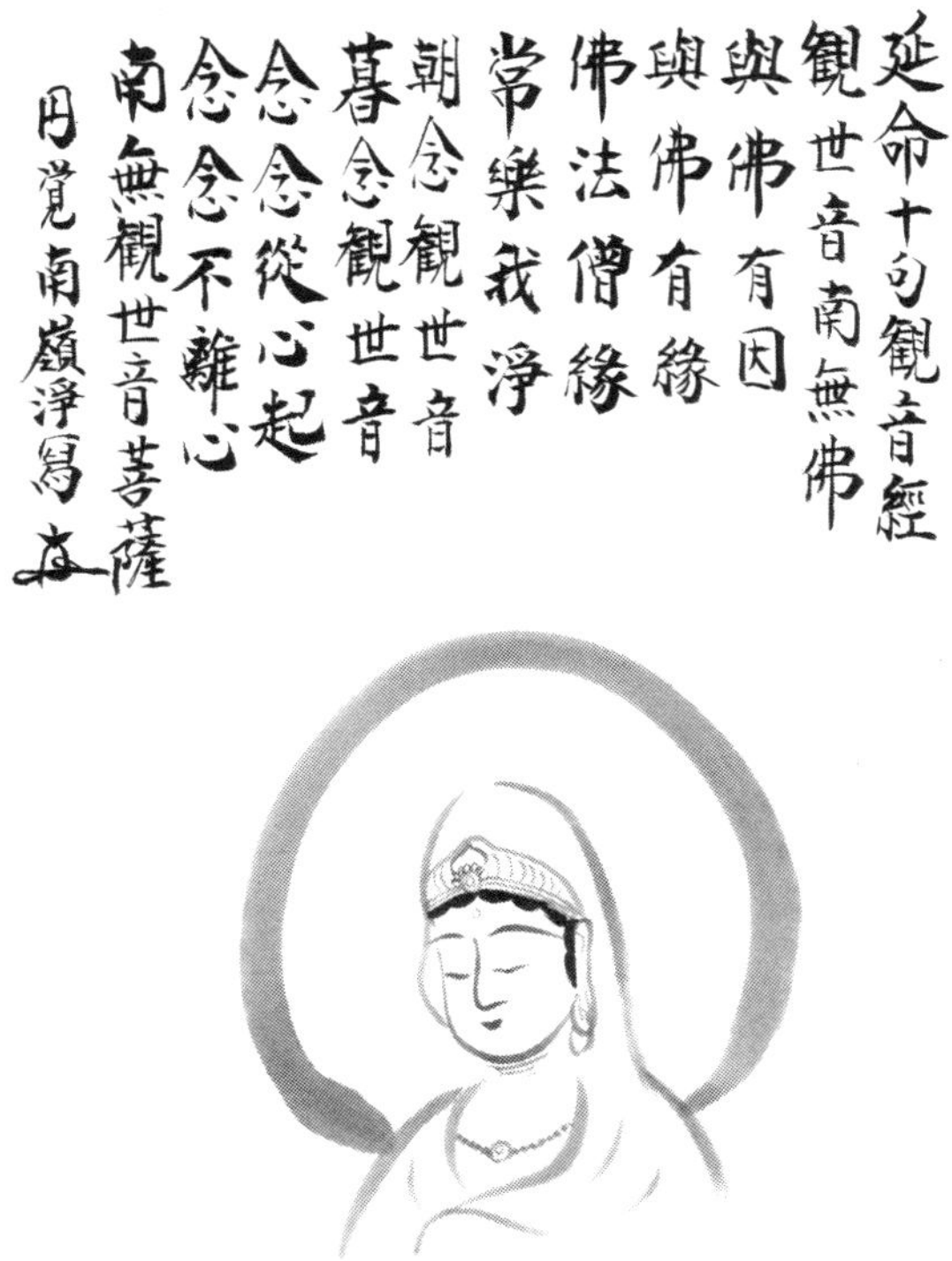

筆者による「延命十句観音経図」

延命十句観音経《えんめいじっくかんのんきょう》

観世音《かんぜーおん》　南無仏《なーむーぶっ》　与仏有因《よーぶつうーいん》　与仏有縁《よーぶつうーえん》
仏法僧縁《ぶっぽうそうえん》　常楽我浄《じょうらくがーじょう》　朝念観世音《ちょうねんかんぜーおん》　暮念観世音《ぼーねんかんぜーおん》
念念従心起《ねんねんじゅうしんきー》　念念不離心《ねんねんふーりーしん》

延命十句観音経　意訳

観音さま
どうか人の世の苦しみをお救いください
人の苦しみをすくおうとなさる
そのこころこそ仏さまのみこころであり
私たちのよりどころです
この仏さまのこころが
私たちの持って生まれた本心であり
さまざまなご縁にめぐまれて
このこころに気がつくことができます

延命十句観音和讃

大慈大悲の　観世音
生きとし生ける　ものみなの
苦しみ悩み　ことごとく
すくいたまえと　いのるなり
苦しみのぞき　もろともに
しあわせいのる　こころこそ
われらまことの　こころにて
いのちあるもの　みなすべて
うまれながらに　そなえたり
ほとけの慈悲の　中にいて
むさぼりいかり　おろかにも

仏さまと　仏さまの教えと
教えを共に学ぶ仲間とによって
わたしたちはいつの世にあっても
変ることのない思いやりのこころを知り
苦しみ多い中にあって
人の為に尽くす楽しみを知り
この慈悲のこころを持って生きることが
本当の自分であり
汚れ多き世の中で
清らかな道であると知りました
朝に観音さまを念じ
夕べに観音さまを念じ
一念一念　何をするにつけても
この思いやりのこころから行い
一念一念　何をするにつけても
観音さまのこころから離れません

ほとけのこころ　見失い
さまようことぞ　あわれなる
われら今ここ　みほとけの
みおしえにあう　さいわいぞ
おしえを学ぶ　仲間こそ
この世を生きる　たからなり
われを忘れて　ひとのため
まごころこめて　つくすこそ
つねに変わらぬ　たのしみぞ
まことのおのれに　目覚めては
清きいのちを　生きるなり
朝に夕べに　観音の
みこころいつも　念ずなり
一念一念　なにしても
まごころよりは　おこすなり
一念一念　観音の
慈悲のこころを　離れざり

春《はる》は枝頭《しとう》に在《あ》って已《すで》に十分《じゅうぶん》

——大事なものは身近にある

山のあなたの空遠く

戴益《たいえき》という宋《そう》代の詩人に「春を探る」という詩がある。「終日《しゅうじつ》春を尋ねて春を見ず、藜《あかざ》を杖つき踏破《とうは》す、幾重《いくじゅう》の雲。帰り来りて試みに梅梢《ばいしょう》を把《と》りて看《み》れば、春は枝頭に在って已に十分」という。

一日も早い春の訪れを待ち望んで、春の息吹を見つけ出そうと終日探し回った。藜の杖で、幾重もの雲を越えて探し回ってみた。しかし春は見つからない。くたびれ果てて、我が庭に帰ってきて、ふと梅の梢《こずえ》を手に取ってみれば、梅花がふくらんでいるではないか。春はこの一枝にあって已に十分ではないかという意味である。

ここに引用した他にもいくつかのよく似た詩が伝えられている。特に最後の一句は、人口に膾炙《かいしゃ》しており、禅語としても用いられている。

有名なカール・ブッセの「山のあなた」という詩も思い起こさせる。上田敏《びん》の訳が名高い。

「山のあなたの空遠く
『幸《さいわい》』住むと人のいふ。

噫《ああ》、われひと、尋《と》めゆきて、
涙さしぐみ、かへりきぬ。
山のあなたになほ遠く
『幸』住むと人のいふ。」

いずれにしても、いくら遠くに求めても、求めれば求めるほど、見つかりはしない。却《かえ》って遠ざかってしまう。

坂村真民《しんみん》先生が「時」という詩の中で、

「道のべに花咲けど見ず
梢に鳥鳴けど聞かず
せかせかとして
過ぎゆく人の
いかに多きことぞ」

と嘆いておられる通りである。
大事なものは、実は身近にあることを我々はなかなか気づかない。

眉毛の先のつるしもの

修行の世界では、なんといっても悟りを求める。真理を求めて修行に励む。私なども、幾度も幾度もどこかに真理があると思って探し求めてきた。

思えば、どれほど探し回ったのだろうか。紀州熊野に生まれて十八歳まで過ごし、そこで坐禅を習った。熊野川を眺めながら、真理を求めて旅立たなければならないと思った。

上京して松原泰道《たいどう》先生の門を叩いた。白山道場の小池心叟《しんそう》老師のもとで出家得度した。

大学を出ては京都の修行道場に出かけた。その間にも、どこかにすぐれた禅師がいらっしゃると聞いては出かけて教えを請うた。

二十七歳で鎌倉の円覚寺《えんがくじ》にやって来て参禅するようになった。それからはずっと円覚寺にとどまってはいるものの、「幾重の雲」を経てきたのだろうかと思うと感慨が深い。

「修行とは無駄骨を折ることだ」と、師に教わった。なんということか、無駄なことをしなければならないのかと不可解に思っていたが、今にしてその通りだったと首肯《しゅこう》する。

古人は「悟りとは眉毛の先のつるしもの　あまり近くて見る人もなし」と詠った。

白隠《はくいん》禅師は、「譬《たと》えば水の中にいて渇《かつ》を叫ぶが如《ごと》くなり」と言われている。水中にありながら、のどが渇いたと叫んでいるようなものだと。

修行時代に毎日毎日食事作りの役を仰せつかっていたことがある。その頃は早く食事作りを済ませて坐禅をしなければと焦ってばかりいた。

どんな仕事であれ、毎日やっていること、今やっていることに心を込めて行うことこそが修行であるのに、そのことに気がつくためには長い時間を要してしまった。

今思えば恥ずかしい限りだ。

心中にして即ち近し

弘法大師《こうぼうだいし》の『般若心経秘鍵《はんにゃしんぎょうひけん》』に「それ仏法遥《はる》かにあらず、心中にして即《すなわ》ち近し、真如《しんにょ》外にあらず、身を捨ていずくんぞ求めん」という名句がある。仏法は近きが上にも近く、心の中にこそあるというのだ。

最近、天台宗の阿純章《おかじゅんしょう》師とご縁をいただいた。都内の名刹《めいさつ》の住職であり、私より少しお若いが実によく勉強しておられ、現代の仏教のあり方にも深い見識をお持ちの方である。初めてお目にかかる前に著書があると知ってその著書（『「迷子」のすすめ』春秋社刊）を拝読して興味深い話を見つけた。

お釈迦様の話なのだが、著者にその話の出典を尋ねてみても、外国の精神科医でセラピストの方が書かれた寓話《ぐうわ》の中にあるとのみ言われ、いまだに原典を明らかにし得ていない。それでも、実によく出来た話なので、早速法話で用いたりしている。こんな話だ。

お釈迦様の心

ある男性がお釈迦様の高名な噂《うわさ》を聞いて是非ともお目にかかりたいと旅に出るという話である。

まだ一度も村を出たことのないその男は、道に詳しい者たちについて出かけたが、嵐にあってはぐれてしまった。

幸いに羊飼いの家に泊まって、厚遇を得た。明くる日出かけようとするが、羊たちが嵐に紛れて逃げ出してしまい、羊飼いは大変な目に遭っている。すぐに仲間に追いつかねばとも思うのだが、見捨てるわけにもゆかず、羊飼いの手伝いをして羊をすべて捕まえた。しかし三日が経っていた。

何とか仲間に追いつこうと旅立つが、途中で水をもらった農家の女性が、夫に先だたれ幼い子を抱えて畑の刈り取りができなくて困っているという。男はその家にとどまり、すべての収穫を終えるのに三週間もかかってしまう。

もうあと少しでお釈迦様のところにたどり着こうかという時に、老夫婦が川に流されているのを発見し、男はすぐさま川に飛び込み助けて衰弱していた老夫婦をしばらく看病することになった。

こうしてあと少し、あと少しというところでいつも何かが起き、お釈迦様と出会えぬまま、各地を転々と旅し続け、二十年という歳月が過ぎた。お釈迦様が涅槃《ねはん》に入られるという噂が流れた。この機会を逃したら、もう二度とお釈迦様にはお会いできないと思って、わずかな食料を携《たずさ》えて、お釈迦様が涅槃《ねはん》に入られる地へと急いだ。

ところが、またもやあと一息というところで、道の真ん中に一匹の怪我をした鹿が倒れているのを目にした。誰かがついていなければ死んでしまうだろうが、あたりには誰もいない。そこで自分の持っていた水と食料をすべて鹿の口元に置いて立ち去ろうとした。しかし気がとがめて引き返し、一晩鹿の看病をした。

夜が明けると、鹿も少し元気になってきたので、再び出発しようとしたところ、お釈迦様はその夜に涅槃に入られたと知らされた。男は地に伏して泣き崩れた。すると、背後から声が聞こえてくるではないか。「もう私を探すことはない」と。

男は驚いて振り返ると、先ほどの鹿がお釈迦様の姿になり、まばゆい光に包まれて立っていた。そして、こう言った。「もしあなたが昨晩私をここに残して立ち去っていたら、きっと私には会えなかったでしょう。あなたのこれまでの行いと共に私はつねに一緒にいました。これからも私はあなたの中にいます」

鹿がお釈迦様だったのだ。傷ついた鹿を見捨ててもお釈迦様には永久に会えはしない。鹿ばかりではない、途中で出会った羊飼いも、農家の女も、川に流された老夫婦も皆お釈迦様だったのだ。男は到るところでお釈迦様に会っていたのだ。

そして目の前の困っている人に手を差しのべようという、その心こそお釈迦様の心そのものである。

我を忘れてまごころを込めて尽くすその人こそお釈迦様なのだ。

どこか遠くにお釈迦様を求めても無駄骨を折るばかりだ。最も近い心の中にこそあると気がつけば、それで已に十分なのである。

円覚寺の境台を彩る花々

奪人奪境《だつにんだっきょう》

——場に応じて活動する

悟りの四つの型

臨済《りんざい》禅師の語録である『臨済録』には、「四料揀《しりょうけん》」と呼ばれる独自の教えがある。師、晩参《ばんさん》、衆に示して曰《いわ》く、「有る時は奪人不奪境、有る時は奪境不奪人《だっきょうふだつにん》、有る時は人境倶奪《にんきょうぐだつ》、有る時は人境倶不奪《にんきょうぐふだつ》」。

と原文には簡潔に臨済禅師の言葉が記されている。四つの料揀だが、料ははかること、揀は選ぶこと、四つの悟りの型といっていい。

臨済禅師の教えの一つに、「随処《ずいしょ》に主《しゅ》と作《な》る」というのがある。どんなところでも自らの主体性を持てという意である。主体性を実際にどうはたらかせてゆくか、そこに四通りの型を臨済禅師は説かれたのだと受け止めている。

教学的には難しい問題である。そもそもこの「四料揀」自体が、臨済禅師が直接説かれたものでなく、後世に付けられたという説もある。しかしながら、ここでは、あまり難しく詮索《せんさく》するよりも、お互いの人生を歩んでいく道において、そのよすがになるものとして学んでみたい。あえて人間学的に学んでみようと試みる。

要は人と境との関わり合いに四通りがあるということだ。人とは主観であり、境とは客観である。人は自分であり、境は外の世界だ。お互いの生活はこの人と境との入り組みにすぎない。自分と外の世界との関わり合いしか、ありはしない。その自分と外の世界との関係を臨済禅師は四つに分けられたのだ。

第一の「奪人不奪境」とは主体を奪い、客体を奪わないという。自分がなくなって外の世界だけになり切ることだ。

第二の「奪境不奪人」とは客体を奪い、主体を奪わない、外の世界がなくなり自分だけになることだ。この時、自分だけの天下になる。

第三の「人境倶奪」とは主体も客体も共に奪う。自分も外の世界も共になくなるのである。

第四の「人境倶不奪」とは、主体と客体共に奪わない、自分も外の世界もそれぞれが思うがまま自由に振る舞うのである。

修行道場での実践

我々修行道場では、迷い苦しみの世界から脱しようと日夜修行に励んでいる。毎年春になれば、大学を出たばかりの青年修行僧が、修行道場の門を叩《たた》く。今も昔ながらの生活を守り、畑を耕し、薪《まき》を割り、薪で煮炊きをして坐禅修行に励んでいる。

この修行の道に、四つの型を当てはめて考察してみよう。

修行道場に入門するには、まず第一の「奪人不奪境」が課せられる。まず自分を完全に否定される。今まで積み上げてきたつもりの自分というものを完膚なきまでに叩き壊してしまう。

入門には庭詰《にわづめ》といって、玄関に二日間も頭を下げ続けることを課す。これは今まで学んだもの、積み上げてきたものをすべて奪い取るのだ。

そうして入門すれば、毎日毎日叱《しか》られ続けて、自分を完全に奪われ、なくしてゆく。これが修行の大事なところで、教育でも同じことかと思われる。初めから好きにどうぞと言っていたならば、わがままになるだけであろう。まずは徹底して自分を否定して、修行道場なら道場の規則に、その伝統にはまり込むこと、これこそ「奪人不奪境」であろう。

しかし、それだけで終わるのであれば、実に主体性のない人間になってしまう。規則通りにしか行動できなくなってしまう。

そこで次の「奪境不奪人」がある。私自身も道場に入門した頃に、ご指導いただいた老師から言われたことがある。

「今はまだ新入りで、坐禅堂の中でも隅っこに坐《すわ》らされ、毎日毎日先輩から叱られ通しであろうが、坐禅堂の座布団の上に坐ったら、たとえ隅っこで坐っていても、天下の主になったと思って坐れ。隅っこで小さくなって坐ったらいけない」と教えられて、大いに感動したことであった。

たしかに、どんな新入りであろうが、座布団にどんと坐ったら天下の主だ。居眠りをしたら警策《けいさく》という棒で打たれるが、しっかり坐ってさえいれば、誰も指一本触れられはしない。外の世界も、煩瑣な規則もない「天地の中に我一人」の世界だ。

真の強さ

しかしながら、そんなところにとどまっていては、わがままな鼻持ちならぬ禅僧になってしまう。それでは自由が利かぬ。

更に十二月に臘八大摂心《ろうはつおおぜっしん》という一週間を通して横にならずに坐り抜く修行をする。そこで自分も、外の世界も共になくなったところを体験する。

臘八の摂心をやっていると、坐禅堂も外の世界もありはしない、坐っている自分すらなくなってしまう、「人境倶奪」の世界だ。

「我も無く　人もなければ大虚空　ただ一枚の姿なりけり」と古人は詠《うた》っている。この世界があるから、禅は尊い。この人境共に奪いきるところは、禅の修行の醍《だい》醐《ご》味《み》であろう。この世界があるから、禅は強い。無に徹した者ほど強いものはない。

そして、それで終わるのではない。最後には、「人境倶不奪」。人も境もともに奪わずに活かす世界が開かれる。

修行道場でいえば、臘八の大摂心を終えれば、風呂で背中を流し合う。時には無礼講となって、お互い語り合って認め合う世界がある。これがあるから、坐禅堂で同じ釜の飯をいただいた者同士はいつまで経っても、親しい間柄でいることができる。

道場の修行にはこの四料揀がきちんと具《そな》わっている。

実社会における四料揀

実社会でも同じことが言えるのではないだろうか。初めはやはり「奪人不脱境」

だろう。自分を否定して、会社なり組織なり、その規則や習慣をひたすら身に付けねばなるまい。初めから自分を認めて好きにするわけにはいかないであろう。

しかし、自己否定だけではいけない。次には必ず「奪境不奪人」であって、大いにその人を認めて力を出させてあげることだ。その人ならではの力を認めてあげて、引き出してあげる場をつくることが大事であろう。否定の次は肯定である。

肯定されて終わっては、いい気になって増上慢《ぞうじょうまん》になってしまいかねない。それではそれ以上成長しない。更に「人境倶奪」であって、何か一つのことに打ち込んで、自分も外の世界も一切忘れ去る世界を持つことだ。一人山に登るのもよかろう。広い道を汗を流して走るのもよかろう。仕事に関係のない本を読み耽《ふけ》って我を忘れることもよかろう。会社や組織のことも、自分すらも忘れる世界だ。これがあると強くなれる。

そうして最後が「人境倶不奪」だ。自分も活かし、会社や組織も活かしてゆく世界だ。自分も心から楽しみながら、会社も栄えてゆくという理想の世界である。

要は、自己否定だけでもだめであり、肯定するばかりでも行きづまるのだ。臨済禅師はこの四つの型を説かれた。四通りを自由に活用すればいい。

たとい自己を否定されて落ち込んだとしても、今はそういう時なのだ、また肯定される時がくると思えば耐えられよう。

そうして、今は自己否定の時だ、今は己を活かす時だ、今は我も世界も忘れよう、今は自分も会社も共に活かそうと、それぞれの場に応じて自由に活動できれば、もっと道を楽しんでゆけるであろう。四料揀に学ぶものは大きい。

第四章

仏心に目覚める

主人公

——自分が主語の人生を生きる

自分自身に「主人公」と呼びかける

禅書『無門関』の中にある、瑞巌《ずいがん》の師彦和尚《しげんおしょう》（唐末の人、生没年不詳）の言葉である。

『無門関』には、「瑞巌の師彦和尚、毎日自《みずか》ら主人公と喚《よ》び、復《ま》た自ら応諾《おうだく》す。乃《すなわ》ち云《いわ》く、惺々著《せいせいじゃく》、諾《だく》。他時異日《たじいじつ》、人《ひと》の瞞《まん》を受《う》くること莫《なか》れ、諾々《だくだく》」とある。

師彦和尚は、幼き頃に出家して、よく戒律を保ち綿密に修行して、巌頭和尚の法を継がれた。のちに瑞巌寺に住されてからは、毎日盤石の上に坐って、「終日愚の如し」というから、まるで愚か者のようにただひたすら坐禅されていた。

しかも、ただ黙って坐るのではなく、自分自身に「主人公」と呼びかけて、自分でハイッと返事をしていた。更に、「惺々著、諾」とあるが、「惺々」の惺はさとる、しずか、はっきり心が目覚めていることをさす。惺々著でしっかり目を覚ませよという意味である。「しっかり目を覚ませよ」と自分に向かって言って、また自分でハイッと返事をしていた。

更にまた、「他時異日、人の瞞を受くること莫れ、諾々」とある。「瞞」とはあざむく、いつわること。「人の瞞を受くること莫れ」で、人にだまされてはならぬゾということである。人にだまされるな、たぶらかされるなと言って、また自分でハイハイッと返事をしていたというのだ。

月刊『致知』二〇一六年六月号の「特集総リード　関を越える」に藤尾秀昭社長が、福島智《さとし》先生（東京大学教授）のことを紹介されている。福島先生は三歳で右目を、九歳で左目を失明、全盲となっ

た。更に十四歳の頃から右耳が聞こえなくなり、十八歳、高校二年の時に残された左耳も聞こえなくなってしまった。福島先生のお話を聞き、著書を読んで藤尾社長は、福島先生には四つの特質があると説かれている。

それは、第一に非常に明るいこと。次にはユーモアがあること。そして三つめは常に人に何かを与えようとしていること。四つめは自分が主語の人生を生きている、ということとまとめられている。この四つは、禅の生き方にも通じる極意と思われる。とりわけ、自らが主人公の生き方をすることは大切である。

自分の中にある「仏心」という宝

さて、主人公とは何であろうか。

京都の御所の近くに相国寺《しょうこくじ》という臨済宗の本山がある。そこの専門道場の師家《しけ》に田中芳州老師という方がいらっしゃった。やがて相国寺派の管長になると嘱望《しょくぼう》されていたが、還暦を前にしてガンで亡くなられてしまった。私なども修行時代から何度もお目にかかり、尊敬申し上げていた老師の一人であっただけに残念でならなかった。

先年老師の七回忌の法要が相国寺の僧堂で行われて参列させていただいた。その折に、老師の語録をいただいた。拝見してみると、その中に「主人公」について実に分かりやすく説かれていて感銘を受けた。

＊　＊

「この身に地位、名誉、財産、学歴、男女などに汚れない『主人公』がいる。あなたにも、誰の中にも、その人の『主人公』がまぎれもなく住んでいる。彼が私が善いことをした時には、私の心の底から喜びを与えてくれる。彼が私が悪いことをした時には、私の心に動揺と反省を与えてくれる。

誰も観ていないと思っていても、いつもどこでも私の心と行動を観ている。周りの人々の言葉に惑わされず、心静かで確かな目を持って見つめている。彼は選り好みをせず全《すべ》てを平等に扱い、自分を忘れて人々の幸福を心より願う。他人の喜びを妬《ねた》まず我が喜びとして喜び、他人の苦しみ悲しみを我が苦として思い、常に穏やかな表情にて相手を思いやり、その言葉は心から愛情を込めて対話す。彼は自分を偽らず、悲しい時には素直に涙し、嬉しい時には心の底から喜び、怒るべき時には晴天の雷のごとく、雷鳴の後は雲一つなく和らいだ光を放つ。

そういう『主人公』に出会えた時、人は歓喜し『悟りを得た』というのです。私たちの本当の宝は、何者にも奪われないものです。だから私の宝は、あなたの宝にはなり得ない……」

＊　＊

とある高等学校の体育館で行われた法話の原稿らしいので、高校生に話されたのであろうか。老師は、修行一筋の方であったので、こんなにも分かりやすい言葉を残されていたことには驚いた。同時に老師の慈悲心に打たれた。

「主人公」とは、本来もって生まれた心であり、お釈迦様の説かれた「仏心」にほかならない。更に「仏心」とは、慈悲の心であるとお釈迦《しゃか》様は説かれている。

慈悲心を呼び覚ますために

ところがいつもこの仏心が目覚めているかといえば、そうとは限らぬ。江戸期の高僧盤珪《ばんけい》禅師にこんな逸話が残されている。

ある盲人が盤珪さんに出会って非常に感動された。この盲人は声を聞くと人の心が分かったそうだ。たいていの人は、他人の喜んでいる話を聞くと、心にわずかであっても妬みが混じっている。逆に人の悲しんでいる話を聞くと、お気の毒にと言いながらどこかに自分でなくてよかったとかいうホッとした喜びの心が混じっている。しかし盤珪禅師には全《まった》くそれがない。人様の悲しい話を聞くと本当に心から悲しんでいる、人のうれしい話を聞くと全く我がことのように喜んでいて何の混じりけもない、こんな人に会ったのは初めてだと驚かれたというのだ。

私たちの本心は仏心であり、慈悲心だと言いながらも、悲しいかな我々は常に妬みや憎しみ嗔《いか》り、あるいは貪《むさぼ》りの心に毒されてしまっている。

自分自身の本心、仏心であり慈悲心を呼び覚ますために、主人公と自ら呼びかけ、自らハイッと返事をする。主人公が目覚めているか、ハイッと目覚めていますよと返事をする。更に人にだまされるなよとハイハイッと返事をしていた。

「人の瞞を受けるな」、これは我々の宗祖臨済禅師も語録に何度も説かれている。臨済禅師は「人惑を受けるな」と表現された。人に惑わされるなということだ。そうして、人に惑わされることなく、正しいものの見方を持てと教えられた。

およそ宗教といえば、まず神様を信じなさい、教祖様の言葉を信じなさいと始まるが、お釈迦様の教えはそうではない。たとえば『カーラーマスッタ』という古い経典がある。この中にこういうことが説かれている。

「秘伝や呪文、神の啓示などに頼ってはいけない、昔からの言い伝えだからといって鵜呑《うの》みにしてはいけない。聖書や教典に書いてあるからといって鵜呑みにしてはいけない。立派な方が説いたからといって鵜呑みにしてはいけない。これはよからぬことか、智慧《ちえ》のある者がみて非難されるようなことか、これらの行いは自分自身にふさわしくないかと自分で考えて判断すべきだ」

言い伝えや慣習を頭から否定するのではない。それには意味があるはずだが、長年伝えられているうちに、誤った方向に逸《そ》れてしまっていることもあろう。ただやみくもに盲従するのではなく、自らが判断をすることが大切なのだ。今までの慣例だからと言われても、何か心にやましい思いがしたならば、もう一度原点に返って考えてみることだ。そのことが、本心から喜べることなのかどうか、静かに坐って考えたら分かるだろう。そのために主人公に目覚めることが何より必要となる。どんな教説であれ、与えられた環境であれ、それに振り回されていては、自らが主人公の人生とはいえない。

自らが主人公となるといっても、決してわがままになることではない。本来の慈悲の心に目覚めて、敬愛和楽の暮らしを実践してゆくことである。それには、静かに坐って腰骨を立てて「主人公」と自らに呼びかけてみることだ。

常念観世音《じょうねんかんぜおん》
——まごころから行い、慈悲の心を離れない

二頭の虎を侍者とした華林禅師

中国宋《そう》代の禅書『無門関《むもんかん》』に次のような話がある。百丈《ひゃくじょう》禅師のもとで修行していた霊祐《れいゆう》が、後に潙山《いさん》禅師と呼ばれるように、潙山に住されるようになった因縁である。

百丈禅師の外護《げご》者（仏道修行者を助ける人）である司馬頭陀《しばずた》という人相や地相に詳しい人がやって来て、百丈禅師に、潙山というすばらしい山を見つけた、あそこに修行道場を開けば大道場ができると伝えた。百丈禅師は、そんなところなら自分が行こうと言うが、司馬頭陀は、老師では人は集まらないと言う。

そこで百丈は弟子の中で、当時第一座を務めていた者を推挙した。すると司馬頭陀は、二～三歩歩かせて咳《せき》払いさせた。そしてその様子を一見してふさわしくない

と言った。そこで当時典座《てんぞ》という、修行僧の炊事を担当している霊祐を呼んでみると、この人ならふさわしいと言われた。

しかし、それだけでは、皆が納得しないので、公開で問答をさせた。百丈禅師は、浄瓶《じんびん》（水を入れる銅製の器）を持ち出して問いを設けた。「これを浄瓶と呼んではいけないとなると、どう呼ぶか」と問うた。第一座の雲水は、「まさか、棒きれと呼ぶわけにもいきませんね」と、さらりと受け流した。

次に典座の霊祐を呼んで同じ質問をしたところ、霊祐はその浄瓶を蹴っ飛ばして颯爽《さっそう》と出ていった。浄瓶と呼ぶか呼ばぬか、そのような理論を皆一蹴された。爽快な感がある。そこで、霊祐は潙山に入山して、後に潙山霊祐と称せられるようになり、その下には大勢の修行僧が集

風を打ち立てた。

まった。お弟子に仰山慧寂《きょうざんえじゃく》が出て、師弟の二人で「潙仰宗《いきょうじゅう》」と呼ばれる独自の宗

さて、この潙山禅師に、やり込められるためだけに登場したような、第一座の修行僧であるが、決して凡庸な僧ではなかった。この人こそ華林善覚《かりんぜんかく》という禅僧である。華林禅師は、後に山中に入って清貧の暮らしを貫かれ、人々から大いに敬われた。

黄檗禅師のもとで相当に修行を積まれた裴休《はいきゅう》という役人が、或る日この華林禅師を山中に訪ねた。禅師は、山中に住まいながら、お一人のように見受けたので、誰かおそばに仕える者（侍者）はいないのですかと問うた。すると華林禅師は、いや二人ほどいるが、客に会わすわけにはいかぬのだと言う。ではその侍者はどちらにいるのですかと問うと、華林禅師は、大声で「大空、小空」と呼んだ。すると、大きな虎が二頭、庵の後ろから現れた。驚く裴休に、華林禅師は、今は大事なお客様が来てるから、あっちへ行っておれと言い聞かすと、二頭の虎は「ウオー」と吼《ほ》

えて隠れてしまったという。

この故事から、禅宗では侍者のことを二空と呼び、手紙の脇付など「何々禅師侍者下」と書くところを「何々禅師　二空下」と書いたりする。

驚いた裴休は、禅師はどうしてこのようなお力を得られたのですかと問う。華林禅師は「山僧常念観世音」と答えた。「私は常に観世音菩薩を念じている」という意味だ。

さて、観世音菩薩とは、何であろうか。仏教にはたくさんの仏や菩薩がいらっしゃる。お釈迦様以外の仏や菩薩は、お釈迦様の悟りの内容と修行の様子を表したものである。つまりは、仏様の悟りの内容を様々な姿で表現したものといえる。

仏道は人となる道

では、仏とは何であろうか。決して多くの人が思うように「死人」のことを言うのではなく、また単なる仏像でもない。恩師の松原泰道先生は、「仏とは真実の人間性」だと説かれた。そして「自分の中に分け入って真実の人間性を開発するのが仏教」だと明示されている。葛城の慈雲《じうん》尊者には『人となる道』という著書がある。仏道とは人となる道にほかならない。

人となるとは、「成人」ということである。今日十八歳成人説も提唱されている。しかしながら、成人とは何か、改めて考えると難しい。十代でもしっかりした子もいれば、四十、五十歳を超えても平気で非常識なことをする者すら多い世の中でもある。

成人とは何か、大人になるとはどういうことを言うのか。「自分の行動や言動に責任を持つことのできる人」だとも言われる。最近ある方が、大人とは「人の苦しみが分かる人」だと言われているのを知って感銘を受けた。

人の苦しみが分かる心とは、それこそ仏教で説く慈悲心であり、その心を具体的な姿に表したのが観世音菩薩でもある。

慈悲の「慈」とは、何かを与えたいと願う心であり、「悲」とは、人の悲しみ苦しみを見て、我がことのように思い、何とかしてそれを救ってあげたいと願う心である。

「観世音」の世音とは、世の音であるが、世の人々の声を表している。苦しみ、悲しむ人たちの声である。この「声を観る」のである。「観る」ということは、単に目だけで見るのではなく、そのような声を全身で見て取ることである。更には、声にもならぬ声を、全身で感じ取る、汲み取ることでもある。

「仏心とは大慈悲心なり」と『涅槃経《ねはんぎょう》』に説かれている。華林禅師の言う「常念観世音」とは、常に観世音を念じることであり、それは仏心を念じることにほかならない。

華林善覚禅師は、山中に住まいながらも、常に観世音菩薩を念じ慈悲の心になりきっておられた。

「経《きょう》を誦《じゅ》すれば群羊来《ぐんようきた》り跪《ひざまず》いて聴《き》き、定《じょう》を習《なら》えば鳥衣褊《とりえしょう》の中《うち》に巣《すく》う」という禅語もある。古の高僧は、読経《どきょう》をしていると、羊たちが群れをなして、跪いてそのお経を聴き、坐禅していれば、鳥が衣の中に巣を作ったという。観世音と念じ、慈悲心一枚になるとその心は動物にまで伝わるのである。

無論、それは人間同士であれば、尚一層伝わるのは当然のことだ。

慈悲の心に守られていることに気づく

坂村真民先生には「手が欲しい」という詩がある。

「目の見えない子が描《えが》いた
お母さんという絵には
いくつもの手がかいてあった
それを見たときわたしは
千手観音さまの実在をはっきりと知った
……
異様なおん姿が
少しも異様でなく
真実のおん姿に

見えるようになった
……」

（『坂村真民全詩集　第五巻』）

眼の見えない子供が、お母さんの絵を描いたという。その子供はおそらく、自分は人一倍お母さんに手をかけさせてきたという思いからか、ご飯を食べさせてくれる手、いつもどこかに行く時に手を引いてくれる手、着替えをさせてくれる手、洗濯してくれる手、何本もの手を描いて母を表した。

私たちの眼には、二本の手しか見えないが、眼の見えない子供には何本もの手が見えたのだ。千手観音様に千本の手があるということは、千も万もの手でお互い見守られていることを表している。そのことに気がつけば、私たちもまた、千も万もの手になって、何か人様のお役に立つように努めてまいりたいと思う。慈悲の心に守られていると気がつけば、こちらからも慈悲の心がはたらいて出て来る。

白隠禅師は、晩年には専ら《もっぱ》『延命十句観音経』を人に勧められた。わずか四十二文字からなるその経の最後には、「朝念観世音、暮念観世音、念念従心起、念念不離心」とある。私はそのお経の和讃を作って、「朝に夕べに　観音の　みこころいつも　念ずなり　一念一念　なにしても　まごころよりは　おこすなり　一念一念観音の慈悲のこころを　離れざり」と表現した。

常に観世音を念じるということは、どんな時にもまごころから行い、慈悲の心を離れないようにすることだ。常に観世音を念じて暮らしたい。

千手観音像

大悲千手眼《だいひせんじゅげん》

——与えられる側から与える側へ

千の手と千の眼

「大悲千手眼」、大悲とは大いなる悲しみであり、慈悲の心である。慈とは、慈しみであり、人に楽を与えたいと願う心である。悲とは憐《あわ》れむ心であり、人の苦しみを抜いてあげたいと願う心である。大悲菩薩《ぼさつ》というと観世音《かんぜおん》菩薩のことを表している。

「千手眼」は、文字通り千本の手であり、千の眼である。千手観音という菩薩がよく知られている。千本の手を持った観音様である。そして千手観音像をよく拝見すると、その千本の手には、それぞれ眼が描かれている。実に千本の手に、千の眼が具《そな》わっている。

臨済宗の祖である臨済義玄《りんざいぎげん》禅師（八六七年没）の語録を、『臨済録』という。数ある禅の語録の中でも最も大切なものとして珍重されている。

かの哲学者西田幾多郎《きたろう》が、「すべての書物が失われても、『臨済録』と『歎異抄《たんにしょう》』があれば我慢できる」と言われたほどである。

その『臨済録』に、千手眼に因んだ興味深い問答が記されている。

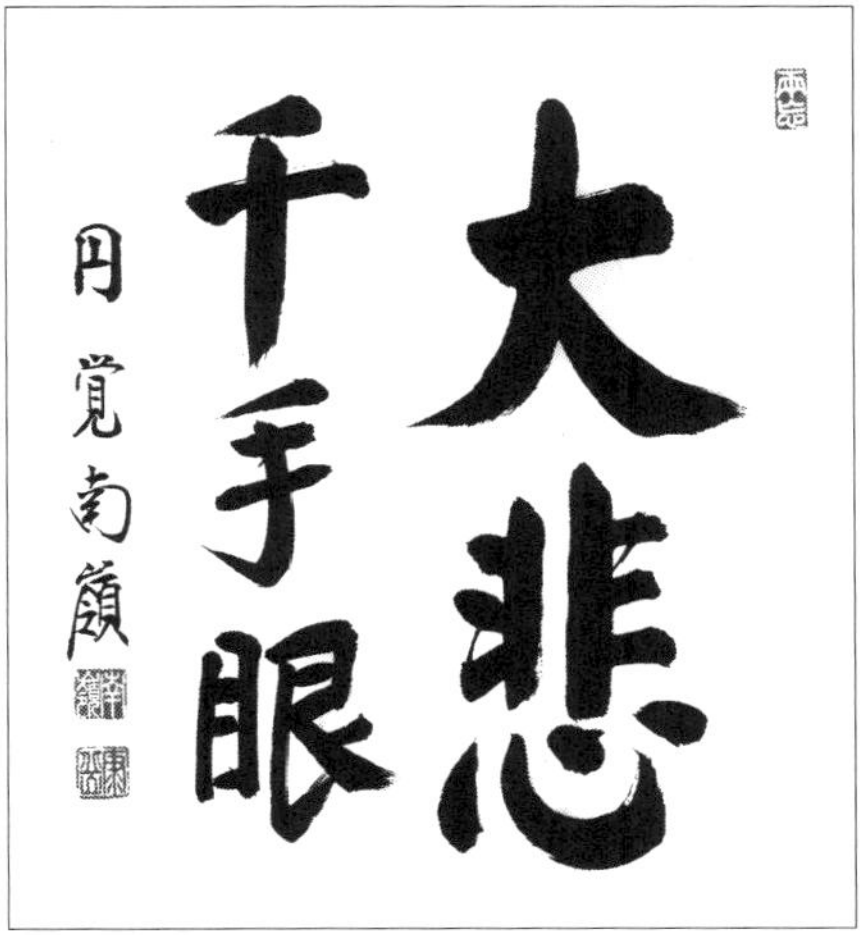

臨済禅師のもとを、ある日麻谷という禅僧が訪ねてきた。相当に修行を積んできた僧であったらしい。臨済禅師が説法なさる折に、麻谷が大衆の中から進み出て、臨済禅師に質問をした。
「大悲千手眼、那箇《なこ》か是《こ》れ正眼《しょうげん》」と。
大悲菩薩すなわち観音様には、千の手と千の眼が具わっていますが、千もある眼のうちでいったいどの眼が正しい本当の眼ですかという問いである。

問いを受けた臨済禅師は、直接問いに答えることはせずに、同じ質問を逆に麻谷に投げかけた。「大悲千手眼、那箇か是れ正眼」と。

すると、麻谷は不思議な動作をしてみせた。説法の座に坐っている臨済禅師を下座から、袖でも引っ張ってか、するすると引き下ろした。代わりに麻谷が、説法の座にドンと坐った。主と客が逆転してしまった。

臨済禅師は、そこでどうしたかというと、何も心を荒立てることなく、上座に坐る麻谷に対して「不審《ふしん》」と言われた。不審とは、ご機嫌いかがですかという挨拶の言葉である。下座に坐ったら、自らが下座の立場になりきったのである。

上座の麻谷は、臨済禅師にそう言われて、少々まごついた。居心地が悪かったのだろう。そこで臨済禅師が、麻谷がしたのと同じように、麻谷の袖を引いて、上座から下ろして、また説法の座に戻られた。お互いがもとの座におさまったのである。そこで麻谷がその場を去り、続いて臨済禅師も去っていったというのである。

主と客とがお互いに入れ替わる興味深い問答である。

全身が眼である

臨済禅師と同じく唐代に活躍された禅僧に、道吾《どうご》（七六九〜八三五）と雲巌（七八二〜八三五）という兄弟弟子がいる。共に薬山《やくさん》禅師（七四五〜八二八）のもとで修行された問柄だ。『碧巌録《へきがんろく》』にこういう二人の問答が残されている。

ある時、雲巌が道吾に尋ねた、「千手観音様は、あんなにたくさんの手や眼を持っていていったい何をなさるのでしょうか」と。

道吾は答えた、「それはたとえば夜中寝ていて、枕を捜そうとして、背後に手を回して枕を捜し当てるようなものだ」と。雲巌は「よく分かりました」と言う。更に道吾は「どう分かったのか」と詰め寄る。雲巌は「偏身《へんしん》是れ手眼」と答えた。

それに対して道吾は、「うまく言い当てているがまだ十分でない」と言う。そこで雲巌が「ではあなたはどうだと言うのですか」と問う。すると道吾は「通身是れ手眼」と言った。

「偏身是れ手眼」とは、強いて訳せば全身体中に手と眼があるということであろう。

「通身是れ手眼」とは、体全身がまるごと手であり眼であるということをいう。

世の母が、我が子の世話をする時を思うとよく分かる。熱があるかなと思えば、サッと手を子供の額に当てる。手が眼のはたらきをしている。子供の様子がどうなのかを、そのたたずまい、表情、顔色、声などを全身で見ている。だから子供の声がよく分かる。赤ん坊が泣いているのを聞くと、母親は今お腹が空いていて泣いているのか、おむつを替えてほしいのか、その声を聞いただけで分かるのだ。

観音とは音を観るはたらきである。音とは声である。子供の声を全身で観ている母親は子供にとってまさしく観音様なのだ。

観音の慈悲のはたらきとは、全身を眼にして見守ってくださるのである。

手が欲しい

千手観音様をおまつりしている寺は、たくさんある。京都の清水寺もその一つである。清水寺は、京都の中でも金閣寺と並んで大勢の拝観者が訪れている。

今の貫首《かんじゅ》は森清範《せいはん》師であり、年末の「今年の漢字」を揮毫《きごう》されているのでよく知られた方である。その先々代の貫首は、大西良慶《りょうけい》和上といい、百八歳の長寿であられた。

大西和上は大正四年に、清水寺で八月の盂蘭盆《うらぼん》法話を始められた。名講話と知られ、大勢の方々が集まったという。私も是非一度その講話を拝聴したいと思いながらも、和上は昭和五十八年の二月十五日涅槃会《ねはんえ》の日に亡くなられてしまった。

私が初めて京都の修行道場に入った折に、どうか無事に修行が成就しますようにと一人清水寺の観音様にお参りして願をかけた。以来三十年の歳月を経て、管長に就任してお礼のお参りをさせていただいた。

そしてこの八月に、清水寺の盂蘭盆法話を拝聴させていただいた。大西和上の法話を聞きたいと願いながらかなわなかったが、お弟子の森清範貫首のお話を拝聴できて感無量であった。

私など、普段は説法の座に坐ることがほとんどであるが、時には下座に坐って拝聴することも忘れてはならない。臨済禅師と麻谷との問答で、主が下座に降りるのと同じである。そして、その体験をもとにして、また説法の座に登らなければならない。臨済禅師が説法の座に戻られたのと同じであろう。時に入れ替わりながら、深めてゆく。

千手観音様に因んで、坂村真民先生に「手が欲しい」という詩がある（百六十四頁参照）。

先述したように、眼の見えない子が、お母さんの絵を描くと、たくさんの手を描いたというのだ。子供にとって母は手であった。いつもご飯を食べさせてくれる手、着替えをさせてくれる手、どこへ行くにも引いてくれる手、たくさんの手を描いてお母さんを表した。

私たちも、思えばいくつの手をかけてもらって今日まで生きてきたのであろうか。何本描いても描ききれないのであろう。それをまさしく千の手と言うのだ。

千の手には千の眼があると言うが、いつも見守られて生きてこられたのだ。親は子のことをいつも見守っている。たとえ墓に入ったとしても、なお見守り続けているであろう。それが親の心である。それこそ、全身を眼にして見守ってくださっている。人は見守ってくれていることを感じると生きる力を得ることができるのだ。そして、千の手をかけてもらったことに気がついたならば、今度は自らが千の手になって人のために尽くしてゆこうと思わねばならない。今まで受け手であったものが、今度は与える側に転換するのだ。

真民先生は、

「ああ
わたくしも手が欲しい
ベトナム・パキスタンの子らのために
インド・ネパールの子らのために」

と、この詩を結ばれた。

身近な所で、自分のできることで、実際に手を差しのべる勇気を持ちたい。一人一人が大慈大悲千手観音様の心を持つことが大切である。

僧堂提唱

慈眼視衆生《じげんじしゅじょう》

――慈愛のまなざしで人々を見つめる

禅宗で読む『観音経』

禅宗では、特によりどころとする経典を持たないとされている。他宗に比べて実に特徴的なことである。しかし、日常では、『般若心経《はんにゃしんぎょう》』や『観音経《かんのんぎょう》』をよく読誦《どくじゅ》している。

『般若心経』は、周知の通り「空《くう》」の教えを説いたものであるから、禅宗で読誦するのも理解できる。それに対してなぜ『観音経』を読誦するのかは、私自身長い間よく理解できなかった。

今でも、修行道場での毎朝の読経は『観音経』から始まる。一日のうちでも、朝のみならず、日中に仏様にお昼ご飯をお供えする折にも、そして日が暮れてこれから坐禅に入る折にも、更に消灯の時刻にも『観音経』を読誦するのである。

禅寺で『観音経』を読誦する習慣ができたのは、円覚寺《えんがくじ》を開いた仏光国師《ぶっこうこくし》（無学《むがく》祖元《そげん》）によると言われる。もともと、禅寺では坐禅のみを専《もっぱ》ら修めて、あまり経典を読誦することはなかったらしい。それが、かの元寇《げんこう》の折、無学祖元禅師は、この国難に対して禅寺においても、日中『観音経』を読誦して、国家の安泰を祈るように定められた。

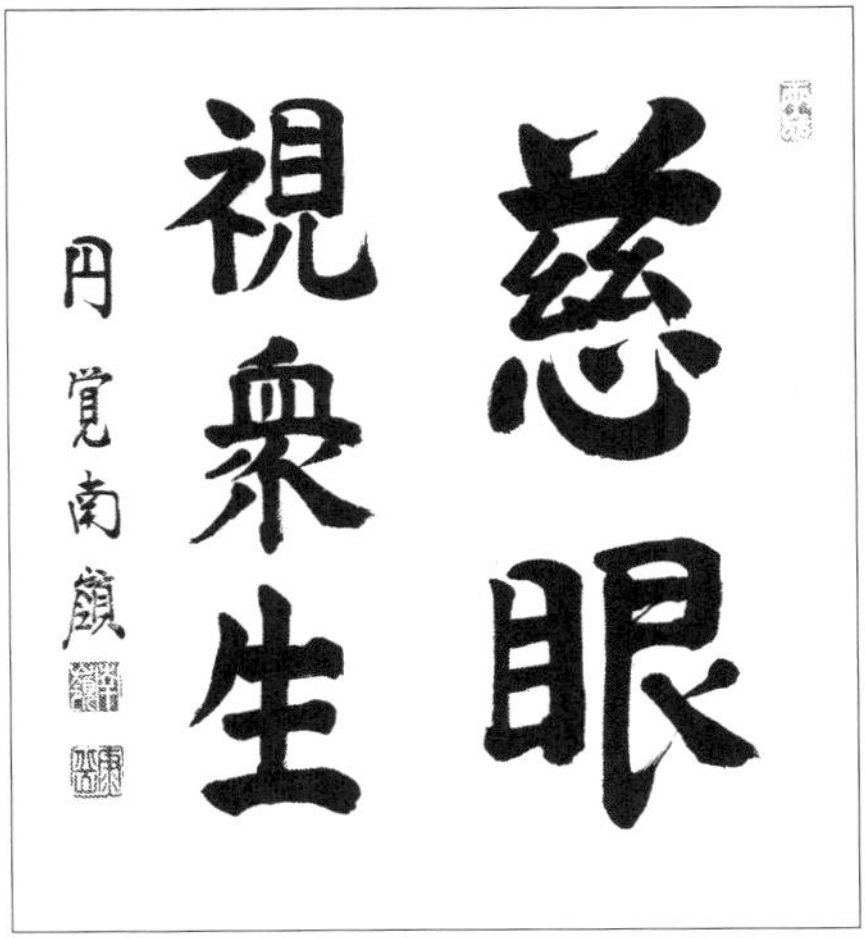

その習慣が、元寇の後にも残って今に到《いた》る。『観音経』は、観音様の功徳《くどく》を説いている。たとえ大火の中に入れられても、観音様の御名を称《とな》えれば火の中から救われるとか、水に溺《おぼ》れていても観音様の御名を称えれば救われるなどという、一見すると単なる現世利益を標榜《ひょうぼう》しているだけのようにも思われる。

「慈《じ》眼《げん》視《じ》衆生《しゅじょう》」は、そんな『観音経』

という意味である。

の中の一句である。観音様は慈悲の眼で、生きとし生けるものを見守ってくださる

仏心は大慈悲心なり

そのような『観音経』を、自ら修行して悟りを目指す禅宗でなぜ毎日読誦するのか、不思議であったが、ここにこそ深い意味がある。禅宗は、もともと「仏心《ぶっしん》宗」とも呼ばれていた。悟りを目指すというが、一体何を悟るのかと言えば、「仏心」に目覚めることにほかならない。

お釈迦《しゃか》様は、あらゆる難行苦行の末に、命あるものは皆仏心を具《そな》えていると悟られた。その仏心にお互い目覚めるように説くのが禅宗である。

では、仏心とは如何《いか》なるものであるのか。古来「仏心とは大慈悲心なり」と説かれている。大いなる慈《いつく》しみと憐《あわ》れみの心だ。その仏心を具体的に表したのが、観音様なのだ。それ故《ゆえ》に禅宗では、観音様とは、自己の外にあるものではなく、自らの心に内在する仏心を表したものとして尊んでいる。

円覚寺の釈宗演《しゃくそうえん》老師は、その著『観音経講話』で、「我れすなわち観音の現われである」と説かれている。銘々《めいめい》が観音様の心を本来もって生まれていて、そのことに目覚めるのがお互いの修行なのだ。

老校長の参禅

私は、鎌倉にある大本山円覚寺の管長を勤めながら、東京文京区にある龍雲院の住職も兼務している。私が学生時代に出家得度した寺である。そこは「白山道場」とも呼ばれる坐禅の寺で、今も毎月その寺の坐禅指導に出向している。

その寺で、最近葬儀を勤めた。九十九歳で亡くなった老教師の葬儀であった。忘れ得ぬ思い出である。

老教師は、都立高校の校長を長らく務めながら、定年退職してから有名な私立高校の校長を十七年も務めて引退された。都の高野連会長を長く務められた方でもある。

しかし、なんと御年九十歳で、再びとある私立高校の理事長から三顧の礼で校長に迎えられた。私が親しくさせてもらったのは、その頃からだった。

私の兼務する寺の檀家でもあり、熱心に坐禅会に通ってこられる方でもあった。

一般の坐禅会では、ただ坐禅をして、法話などを聞くだけのところが多いが、明治の頃から坐禅道場であった寺だけに、師家（禅の指導者）による独参《どくさん》も行われている。独参とは、師家の部屋に入って一対一で禅問答することである。

僧侶ではない一般の方では、坐禅をしても独参までする人は数少ない。厳しい作法もあり、激しい問答を繰り返すので、広く勧められるものでもない。

ただ、その老校長は、何と亡くなる前年まで続けられていた。お若い頃から、禅の師家として名高かった大森曹玄《そうげん》老師に独参をされ、大森老師がお亡くなりになってからは、白山道場の小池心叟《しんそう》老師に参じられた。

小池老師が亡くなってからは、五十近くも年の若い私に独参をされていたのであった。すでに、いくつもの校長を長年にわたって務め上げ、功成り名遂げられてもなお、一参禅者として真摯《しんし》に修行に取り組まれたお姿は尊い。

独参には、師家の部屋に入るにあたって、五体投地の礼拝をすることになっている。私も、師家を勤めて二十年、多くの参禅者の礼拝を受けてきたのだが、この先生ほど、恭《うやうや》しく敬虔《けいけん》な礼拝をされていた方はいないといっていい。それも九十八歳まで続けられたのである。こちらも独参を受けるたびに身の引き締まる思いであった。

忘れがたき慈愛の眼

老校長には様々な逸話が残されている。朝のホームルームには「黙想」指導をなさっていたという。「頭から尻まで一直線。下を向いてもろくなことはない」「息を吐く、吸うに集中しよう」と直《じか》に指導されていた。

校長になっても、じっと校長室に閉じこもっていることはなく、こまめに校内を見回り、騒がしい授業があれば教室の中まで入って「先生の話をよく聞け」と叱《しか》った。いすに腰掛けて教えている先生には「座らないと教えられないのか」と叱りつけたらしい。

生徒に近寄っては「君は何をやりたいんだ」と話しかけられた。生徒に興味を持たせるのが教師の仕事、どんなに難しくても興味があれば子供はやるものだというのが持論であった。入学式では、「学校を楽しくするには、自分がされて嫌なことを人にしないことです」と語りかけた。これも仏教の根本である。

校長を務めた都立高校では、都立として初めて甲子園に出場し、学校の進学成績も上がった。

それだけでもすばらしいと思うが、私が心打たれたのは、十七年も勤めた私立高校では一人の退学者も出さなかったということだ。

退学になりそうな生徒には「執行猶予」を付けたこともあるという。「遅刻、欠席、校則違反をしない」などの約束を四カ月守れば退学にしないというのだ。「入学させた以上は面倒を見るのが僕の姿勢です」と言われていた。

『法華経』には「常不軽菩薩《じょうふきょうぼさつ》」という菩薩が説かれている。この菩薩は、会う人ごとに手を合わせて、「あなたは仏になる人です」と拝んだというのだ。良寛さんも、この菩薩をこよなく尊ばれた。

老校長の葬儀を勤めながら、頻りに思い出されたのは、そのやさしいまなざしであった。引導の中にも「別後忘れがたきは慈愛の眼」という一句を捧《ささ》げた。慈愛の眼とは、「慈眼」にほかならない。観音様は、慈愛の眼で我々衆生を見守ってくださるのだが、それはこの老校長も同じだった。

慈愛の眼といっても、単にかわいそうだという憐れみだけではない。老校長は独参の折に、あたかも生ける仏陀《ぶっだ》に出会ったかのように恭しく礼拝をされていた。そのように、一人一人の生徒の心に無限の可能性を秘めた仏心を見いだして、拝む心で見つめてくださっていたのだろう。

慈愛のまなざしに見守られた生徒は幸せである。そして私たちも、慈愛のまなざしでまわりの人たちを見つめる心を持ちたい。観音様のように。

驢《ろ》を渡《わた》し、馬《ば》を渡す

――慈悲の心のさわやかさ

禅の目指す世界

唐代は、禅の最も栄えた時代である。臨済《りんざい》の喝《かつ》や徳山《とくさん》の棒《ぼう》などと言われる祖師《そし》方も唐代に活躍された。そんな中でも、一際《ひときわ》抜きんでているのが趙州《じょうしゅう》和尚（七七八～八九七）であろう。

「口唇皮上《くしんぴじょう》に光を放つ」と称せられたほど、見事な言葉で禅を表現された。何も特別難しいことを言うのではなく、何気ないような一言で禅の端的を示された祖師である。

ある僧が趙州和尚を訪ねてきて問うた。「長い間、趙州には有名な石橋があると聞いてまいりましたが、来てみればただの丸木橋ではありませんか」と。

趙州とはもとは地名であり、趙州の観音院に住したので趙州和尚と呼ばれている。その趙州には、有名な石橋があって、それに因《ちな》んだ問答だ。有名な石橋だと思って来てみればただの丸木橋だったとは、趙州和尚とは有名な大禅師だと聞いてまいりましたが、来てみると大したことないではありませんかという問いである。随分と人を食ったような問いかけであるが、こうして相手の力量を見定めようとしているのだ。

それに対して趙州は、「あなたは丸木橋を見ていて石橋を見ていないのだ」と答える。「では、趙州の石橋とは如何なるものですか」と問われて、趙州は「驢馬も渡れば、馬も渡る」と答えた。

これも同じく石橋にかけて、あなたは見かけだけの老僧を見ていて、本当の趙州を見ていないのだと言い、では本当の趙州和尚とはどのようなものですかと聞くと、そこで「驢を渡し、馬を渡す」と答えられたのである。

人ばかりではない、驢馬も馬も皆向こう岸に渡してあげるのだという。古歌に「人をのみ渡し渡しておのがみは岸に渡らぬ渡し守かな」とあるが、「渡す」とはこちらの迷いの世界から、あちらの悟りの世界へと渡してあげることだ。そこで渡すとは救うというのと同じ意味として用いられる。

禅の修行は、自ら悟りの世界に到り、そこに安住することをのみ目指しているのではない。自ら渡ることができれば、今度は人を渡してあげる。自分だけ渡ってよしとするのではない。多くの人を渡してあげる、人ばかりではない驢馬も馬も渡してあげようというのが趙州和尚の境涯なのだ。

坂村真民先生の参禅

詩人の坂村真民先生は、多くのすぐれた宗教家に学ばれて独自の世界を開かれた。

禅の世界では、まず初めに宇和島市吉田町にある大乗寺《だいじょうじ》の河野《こうの》宗寛《そうかん》老師に師事されている。

それは真民先生が、四十一歳で愛媛県立吉田高校に転勤され、近くの大乗寺に参禅されたのである。

四十二歳の七月に大乗寺の河野宗寛老師に正式に参禅された。参禅とは、一般には坐禅をすることを指すが、禅門では正式に師家の弟子となって公案（禅の問題）をいただいて問答修行をすることをいう。

師家に参じるには今でも厳格な作法が定められている。高校の教師をしながら参禅するのは並大抵な決意ではない。

当時の思いを真民先生は、昭和二十六年七月の『参禅録』に「何のための参禅か。己のためにか、人のためにか。不惑四十を越えて、果たしてきびしい修練に堪え得るか。私は今、自分が参禅によって、えらくなろうなどとはつゆ思っていない。ただ生きる力が欲しい。その力から湧き出る詩によって、又一人でも力つけしてゆくことができればとただそれをのみ念じている。掘り下げ掘り下げ私のもっている地下の水を胸にたたえて人に接し世に処してゆきたい」と記されている。

この貴重な『参禅録』の言葉は、坂村真民記念館の西澤孝一館長と対談した折に、ご教示いただいた。真民先生の決意の強さが伝わっている。ここにもあるように真民先生は単に自分の生きる力が欲しいだけでなく、その力によって一人でも力をつけてあげたいと念じられたのである。

戦災孤児三百名を渡した河野宗寛老師

真民先生が心から尊敬し師事された河野宗寛老師とはどのような方だったのであろうか。今年（平成三十年）の二月に大乗寺五十年忌の法要が一年早めて行われる。私もおまいりさせてもらう予定である。

宗寛老師は明治三十四年にお生まれになり、昭和十四年、大乗寺に住され、そこで四国唯一の臨済宗の専門道場を開かれた。昭和十七年には、満州に建てられた妙心寺の別院に赴任され、現地で禅の指導に当たられた。

しかし、終戦を満州の地で迎えられることになり、大変な混乱に巻き込まれてしまう。一人だけでも帰国するのは至難であった。

しかし、老師は慈悲の深い方であった。終戦の後に老師の眼に映ってきたのは、町にあふれる孤児たちの姿であった。

厳寒の満州では、「三日ぐらい食べなくてもよいが、冬に暖房がなければ一晩で凍え死ぬ」と言われた。老師は、いち早く坐禅堂を孤児院に開放し、自ら私財をなげうって石炭を買い集め、町にあふれる孤児たちをかくまわれた。「慈眼堂」が開かれたのだ。

当時の思いを、

「戦に敗れし日より憂きことは親のなき子らのさまよひあるく」

と詠われた。それまでは禅によってひたすら精神の鍛練を説かれた老師が、一転して多くの孤児たちの親となられたのだ。

「今日よりは親なき子らの親となり厳しき冬を守りこすべし」

と決意を詠われている。

厳しい禅の老師が，多くの孤児たちの親となる様子を、

「入りし日は笑みもせざりし子供らもわれにより添い戯れにける」

と詠《うた》われた。

ソ連兵も来る、中共軍も入ってくるという内戦の戦渦《せんか》の中を、老師は我が身を捨てる決意で孤児たちを守られた。

「夜もすがら床の柱に倚《よ》りて坐《ざ》し修羅《しゅら》の世相に涙すわれは」

そんな中を孤児たちは、「子供らは朝な夕なのひと時を坐禅をなして身を修めいる」という日々を過ごした。

渡り帰らんこの荒海を

苦難の末にようやく、昭和二十一年七月に帰国できることになった。

「立つ鳥も跡は濁さじ此の園を掃き清めおけふき浄めおけ」

と最後まで禅僧らしく勤められた。

「幼子に今日はみ国に帰るよと涙もろとも説き聞かせけり」

と詠われたのを見ると、どれほどのご苦労があったのか察するに余りある。

「み仏と同じ心の恵みもちこの荒海を子らと渡らん」

「親のなき子らをともなひ荒海を渡り帰らんこの荒海を」

およそ三百名に及ぶ孤児たちを連れて老師は、八月無事佐世保に上陸された。命をかけて、多くの孤児たちを祖国に渡り帰らせたのだ。慈悲行の極みであろう。真民先生の求められたのは、「命がけ」「本物」そして「思いやり」の世界であったと私は受け止めている。


宗寛老師のような方こそ、命がけで孤児たちを守られた本物の禅僧であり、思いやり深い慈悲の人であった。

私の師であり、円覚寺前管長の足立大進老師に河野宗寛老師のことをうかがったことがある。まだ大学四年の頃、これから先僧堂に入って修行すべきかどうか進路に迷っていた頃、たまたま旅行中の舟で宗寛老師に乗り合わせたという。

老師のたたずまい、その姿に触れて、自分も僧堂で修行しようという決意が固まったと語られた。我が師はその後円覚寺の僧堂に入って朝比奈宗源《あさひなそうげん》老師に師事し、その跡を継がれたのである。何気ないたたずまいで、若き青年をも渡されたのだ。

私は、師匠に河野宗寛老師の何に心打たれたのですかと聞いた。師はしばし沈思《ちんし》黙考《もっこう》されて一言「さわやかだったのだ」と答えられた。それから更に「禅の本領はさわやかさだ」と付け加えられた。

命をかけて道を求めた本物ゆえにもつさわやかさだろう。驢馬も渡せば馬も渡す慈悲の心はさわやかである。

第五章

こころを磨く

歩《ほ》歩《ほ》是《こ》れ道場《どうじょう》

――尊いのは足の裏である

「足の裏」で考える

私ども臨済禅の修行では、修行僧に「公案《こうあん》」と呼ばれる問題を与え、坐禅してその答えを求めさせる。そして自らの答えを、指導僧である師家《しけ》に示してその可否を問う。この問答は、今でも行われている。私の道場でも毎朝毎晩、大勢の修行僧たちと問答を繰り返している。

俗に訳の分からない問答を「禅問答のようだ」と言われるが、決して、落語の蒟《こん》蒻《にゃく》問答のような滑稽な話でも、とんちでもない。しかし、常識では考えられない問題ばかりで、新参の頃は特に苦労させられる。「両手を打てば音がするが、片手にどんな音がするか」などはよく知られた公案である。

「四十九曲がり細山道を真っ直ぐに通れ」という公案もある。くねくねと幾重にも曲がりくねった山道を、真っ直ぐに通れというのだ。頭で考えれば考えるほど分からなくなる。

私は、ご縁があってこのような禅問答の修行を、中学生の頃から始めた。学校での勉強よりも、禅の修行のほうが真実の道があると思ったからだ。始めた頃には、全《まった》く手がかりもつかめず悩んだ。そんな頃に、当時師事していた老師が、「公案を頭で考えては駄目だ、足の裏で考えろ」と教えてくださった。

今思えば実に有り難いお示しなのだが、当時の私にはなお一層訳が分からなくなるばかりであった。「足の裏」で一体どう考えるのだと、じっと足の裏を見つめてみても、とても答えは出そうにない。

禅門では、今も日常素足でいる。夏は心地好いが、冬場は足が冷たくて大変だ。新参の修行僧などは踵《かかと》がひび割れて血がにじんでいるのもよく見かける。ある修行道場で、信者さんが、あまりにもひび割れのひどい修行僧を見て、老師に何とかしてあげてほしいと訴えたらしい。老師は何気なく一言、「春になれば治りますよ」と言われたという。おおらかな世界である。

私も、来客の応対や外に出かける時以外、道場では素足で過ごしている。もう三十年来の暮らしなので何とも思わずにいるが、たまにひび割れてしまうこともある。ヨガや気功の修行などでも、指導者によって違うのかもしれないが、素足で稽古するようだ。足の裏で地面を踏みしめる感覚を大事にしているのであろう。

坂村真民先生もまた、「足の裏」を大事にされた方である。「足の裏」を詠った詩がたくさん残されている。「尊いのは足の裏である」という詩がある。

「尊いのは
頭でなく
手でなく
足の裏である

一生人に知られず
一生きたない処と接し
黙々として
その務めを果してゆく
……
頭から
光がでる
まだまだだめ

額から
光がでる
まだまだいかん

足の裏から
光がでる
そのような方こそ
本当に偉い人である」

（『坂村真民全詩集　第二巻』）

真民先生は、普段から足の裏に感謝し、足の裏を清潔にして、足の裏を丹念に揉《も》まれていたそうだ。東洋医学でも足の裏には、大切なツボがたくさんあると言われる。白隠禅師は、その著『夜船閑話《やせんかんな》』で「足の裏」から呼吸をすることを説かれている。もちろんのこと、「足の裏」が息をするわけではないが、足の裏を通して大地から息を吸い込むように意識して吸い、足の裏から大地へ息を吐き出すように意識するのである。そう意識して呼吸すると、頭にのぼった気が自然と下に降りて、落ちついてくる。「上虚下実《じょうきょかじつ》」と言われるように、頭が軽くなり、下腹などがしっかり充実してくる。そうすると自然と気力が湧いて出てくるし、体も健康になる。

一歩一歩歩んでいく

昨秋（平成二十八年）、森信三先生の教えを学ぶ会でご縁をいただいた方の来訪を受けた。有り難いことに、ご縁をいただいてお目にかかる人は多いが、昨年お目にかかった人の中でも忘れることのできない方である。

五十代の方で関西に住んでおられる。十数年前に大病に倒れて左半身の自由を失われた。まだまだ働き盛りの頃である。絶望のどん底であったが、彼は決してめげずに頑張った。壮絶なリハビリを経て、不自由な体ながら社会復帰を果たされた。

彼は真民先生の詩「タンポポ魂」を励みにしてきたと言われていた。大阪中之島で行われている森信三先生の教えを学ぶ会では何度かお目にかかったことがあるのだが、昨秋、どうしても円覚寺に行って私に会いたいと言うのだった。

不自由な身ながら、早朝に関西の自宅を出て新幹線を利用して、鎌倉まで来てくださった。改めて来訪を受けて、そのお体の大変な様子には驚いた。一歩一歩の歩みは、我々の半歩にも満たない。それでも、どうにか電車を乗り継いで来られたのだ。首都圏の交通機関は大勢の人であふれている。鎌倉もまた観光客が多い。親切な人ばかりではない。

「危ない目に遭いませんでしたか、ぶつかられて転んだりしませんでしたか」と尋ねたが、大丈夫だと言われた。聞けば毎日電車を乗り継いで通勤されているらしいが、今までもぶつかられて転んだことはないと言われた。

円覚寺は、山を切り開いた寺なので、坂や階段が多い。私のいる小庵も細い階段を上らなければならない。外まで出迎えて、階段を上るのに手を貸そうとしたが、丁重に断られた。そして自分でしっかりと歩まれた。彼はこのように歩みながら、一歩一歩「踏みにじられても　食いちぎられても　死にもしない　枯れもしない……」と「タンポポ魂」の詩を唱えながら歩いてきたのだろうと思った。

ゆっくりと歓談して、彼は小庵を辞された。私はまた見送って、階段を共に下ったのだが、その折に彼は『孟子』の一節を諳《そら》んじてくれた。「天の将《まさ》に大任を是の人に降《くだ》さんとするや、必ず先《ま》づ其《そ》の心志《しんし》を苦しめ、其の筋骨を労せしめ、其の体膚《たいふ》を餓《が》せしめ、其の身行を空乏《くうぼう》せしめ、其の為さんとする所を払乱《ふつらん》せしむ……」と、その後の長い文章も諳んじられた。そしていつもこの言葉を胸に刻んでいるのですと静かに語られた。

孟子の言葉はよく知られているが、「天が重大な任務を人に与えようとすると、必ずまずその人の精神を苦しめ、その筋骨を疲れさせ、その肉体を飢え苦しませ、その行動を失敗ばかりさせ、そのしようとする意図と食い違うようにさせる」という意味である。

一歩一歩ならぬ半歩半歩、杖をつきつつ歩まれる彼の歩みは、初めは大丈夫かと心配し、なんと大変なこととも思われたが、私などには及びもつかぬほど尊く、そして足の裏で大地を踏みしめたしっかりとした歩みだと、心の中で手を合わせて拝んだ。それでも大丈夫だろうかと心配しつつ、お見送りしたが、後に礼状をいただくと、広い円覚寺の境内を十分に散策し、その時特別公開していた舎利殿なども拝観して帰られたことを知った。彼こそ足の裏から光のでる人だと思った。

尊いのは足の裏である。頭で歩くのではない。四十九曲がり細山道をどう進むか、頭で考えていても混乱するばかりだ。まして、お互いの人生は、もっと曲がりくねった道かもしれない。どこで何が起きるか分からない。バイパスをつけることもできないし、逃げることもできはしない。

新年にあたり高い目標を掲げることは当然大切だが、頭で頂上ばかりを見ていては、姿勢が崩れ足もとが疎《おろそ》かになる。大事なのは、一歩一歩の歩みだ。一歩前へ、一歩前へと着実に歩を進めていれば、たとえ四十九曲がりの山道であろうと、「真っ直ぐ」に進めよう。足の裏でしっかりと大地を踏みしめていることを感じて、一歩一歩歩んでいこう。

その一歩一歩の歩みこそが、お互いを鍛えてくれる人生の道場なのだ。

関西から円覚寺に訪れた男性と。円覚寺正伝庵前にて

鉄牛《てつぎゅう》の機《き》

——時代に流されないこころを育てる

一対一の禅問答

臨済宗の修行では、坐禅と共に、禅問答を行うことを大事にしている。近世では、「独参《どくさん》」と称して、指導僧たる師家《しけ》と教えを受ける修行僧である雲水《うんすい》とが、一対一で行っている。雲水が一人一人、師家の室内に入って問答をすることから、これを「入室《にっしつ》」とも呼んでいる。今でも毎日朝と晩に二回は、独参を行っている。そのために、師家は道場から外出することを避けるように努めている。師家が不在であれば、修行の中核たる禅問答が行われないからである。

特に、毎月一週間は、師家も修行僧も門外に一切出ないで坐禅と独参に集中する。これを「大摂心《おおぜっしん》」という。その期間中には、一日に三度から五度と問答も頻繁に繰り返される。禅問答には、必ず師家から雲水に、問題となる「公案《こうあん》」が与えられる。

その問題に対する自分自身の見解を師家の面前で披瀝《ひれき》する。「公案」は、そう簡単には透《とお》してはくれない。何度も何度も師家に挑んでは、否定される。その繰り返しである。あたかも相撲の稽古の如くに、ぶつかっては投げ返されることを繰り返す。相撲の場合は、投げ返されることを繰り返して足腰が鍛えられるのであろう。「独参」では、否定され室内から追い返されることを繰り返して、精神が鍛えられ、雑念妄想が振り払われてゆく。

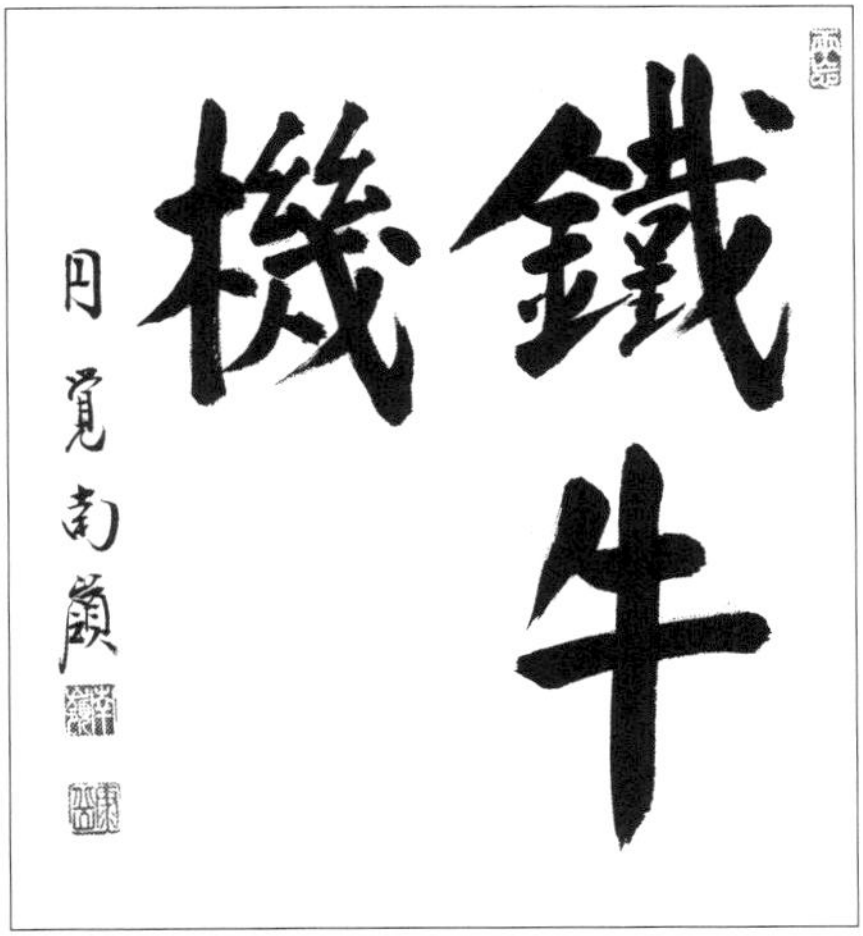

道場では、独参を行う室内は最も神聖なる場とされている。室内は、代々の老師方が独参を受けられた処である。今北《いまきた》洪川《こうせん》老師に釈宗演《しゃくそうえん》老師が参禅したのも、釈宗演老師に鈴木大拙《だいせつ》や夏目漱石が参禅したのもこの場である。今は私が毎朝毎晩独参を受けているが、室内に入るだけ

で気が引き締まる。

その室内には、山岡鉄舟の扁額が飾られている。山岡鉄舟の書は「鉄牛機」と、草書の多い鉄舟には珍しい篆書《てんしょ》で書かれている。小品ながら、迫力のある書である。

最近、その扁額の傷みが激しくなったため、暫《しばら》く表具屋に修復に出していた。二月ばかり、扁額のない室内で独参を受けていたのだが、何とも今ひとつ気が引き締まらぬ思いがしていた。それが、再び扁額の修理が終わって、以前の通りに掲げると、元の如くに気も引き締まった。すぐれた書を掲げるだけで、室内の空気が変わるのである。改めて古人の書の力量を思い知らされた。よき書を部屋に掲げて普段から接していることは大事なことだと改めて思った。それには、「ホンモノ」の書を掲げることであろう。書の力量が問われる。

鉄舟のすばらしさについては、『山岡鉄舟修養訓』（致知出版社刊）を参照されたい。私も長年ご縁をいただいている全生庵《ぜんしょうあん》の平井正修《しょうしゅう》師が、自らの体験を交えながら、分かりやすく説いてくださっている。

こころの乱れを静めるはたらき

「鉄牛の機」とは、臨済宗の祖である臨済義玄《ぎげん》禅師から三代目にあたる風穴延沼《ふけつえんしょう》禅師の言葉である。

風穴禅師がある時の説法で「祖師の心印、状《かたち》、鉄牛の機に似たり」と示された。心印というのは、あたかも印を押すと、印の字のままに紙に字が写されるように、師から弟子へ、禅の教えが変わることなく代々受け継がれてゆくことを表している。「祖師の心印」とは、祖師方から代々受け継がれた最も大切な教え、真理という意味である。「機」とははたらきをいう。

そこで祖師方が代々伝えてきた真理とは、まるで鉄牛のようなはたらきがあるというのだ。

鉄牛とは文字通り鉄でできた牛である。古来中国において黄河は、氾濫を繰り返し、人々は苦しめられてきた。河を治めることは政治の大切な務めであった。後に聖天子と称せられた禹《う》は、特に黄河の治水に力を尽くした。その折に、大きな鉄の牛を作って水底に沈めて河の氾濫を治めたと言われている。それに倣《なら》って後代の人々も水辺の畔にそれを置くようになった。

鉄牛のはたらきとは、河底に沈んで、てこでも動かぬはたらきである。外からは全く見えないが、どんな流れにも動かない。それでいて氾濫を治めている。どんな時代の激流にあっても、こころの乱れを静め、社会の乱れを静めてゆくはたらきをいうのである。

今日の時代の流れは、黄河の暴流にも劣らぬ凄《すさ》まじい勢いであろう。科学技術の進歩はとどまることを知らない。政治経済の流れも予想し難い。そんな中で流されないものを、こころの奥底に持っておくことが大切だ。

昔、ある人がインディアンと歩いていると、インディアンは時々立ち止まるのだという話を聞いたことがある。立ち止まって、どうしたのかと聞くと、あまりに速く歩くとこころが追いついてきていないと言って、待っているのだという。ハッとさせられる話だ。

人は「こころ」をもって生まれてきている。これほど尊いことはない。この「こころ」あればこそ、朝日を見て美しいと感動する。一輪の花がひらくのを見て、涙も流すのだ。そして何よりも、朝日を浴び、濁世にひらく花を眺めては幸せを感じることができる。

どんな時代にも微動だにしないものを

二月に東京国際フォーラムで、ノーベル・プライズ・ダイアログというシンポジウムが開かれた。世界のノーベル賞受賞者五名を含む、大勢の学者たちが集まって、「知の未来～人類の知が切り拓く人工知能と未来社会～」というテーマで、朝から夕方まで講演会や対話などが行われた。日本学術振興会が主催であった。主催者から、折角日本で開催するので、是非とも禅、東洋思想の立場から、人工知能の未来について一言欲しいと依頼されて、登壇することになった。あらかじめ膨大な資料を送ってくださり、しばらくは人工知能について学ぶ日々を送った。

人工知能の進歩のめざましいことはよく理解できた。ＡＩが将棋の名人に勝ったことは知っていたが、昨年には囲碁にも勝利できたという。

しかし、私がその会議において、申し上げたのは、朝日を見て美しいと感じるこころは、人間ならではのもので、機械には、どんな景色に人間は美しいと感じるのかというデータを覚えさせるだけではないかということだ。

更に、人間の体は、機械の進歩にはついてきていない。やはり体は昔のままだ。だから、機械ばかりに頼ると、体が悲鳴をあげてしまうということも申し上げた。

そして最後に、どんなにすばらしい機械が出来ても、私たちは、果たしてそれで幸せなのかと問うことを忘れてはならない。便利ですばらしい機械に囲まれながら、不幸になっては仕方がないと提言した。

幸せについて、お釈迦様は、健康であること、足ることを知ること、信頼できる友を得ること、こころの平安を得ることを挙げられている。自分の体の声をよく聞いて、やはり体を動かし健康であることを忘れてはいけない。技術が進歩するにつれて、ますます足ることを知ることが求められよう。自分は、これで十分だという判断を自ら下さなければならない。

よき友、仲間は機械には換えられない。自分の幸せとまわりの人たちの幸せを願い祈るこころ、朝日を拝み、道のべに咲く一輪の花に手を合わせ、美しいと感動し、いのちを愛しむこころを大切にしたい。こうしたこころの平安こそ、どんな時代にあっても流されることなく、揺らぐこともない真の幸福なのだ。

時代の激流にも流されないこころこそが、鉄牛のはたらきをするのであろう。

忍《にん》を懐《いだ》いて慈《じ》を行《ぎょう》じる

――心はいつも穏やかに

堪え忍ぶこと

大学を卒業してすぐに、京都の修行道場へと旅立った。それからもう三十年が経つ。私は、大学在学中に、東京の文京区白山《はくさん》にある、白山道場で出家して僧侶となった。修行に出かける時に、師匠の小池心叟老師がわざわざ、白山通りに面した表通りまで見送ってくれ、まるで噛んで含めるように、こう言ってくださった。

「いいですか、堪《た》え忍《しの》ぶことですよ。何があっても堪え忍ぶのです」と。

その時にはまだ、この「堪え忍ぶこと」がどれほど大変なことか、何も分からなかった。師匠のこの親切なお示しこそ、修行の一番の要《かなめ》であることを知るよしもなかった。

あれから三十年、修行僧から師家《しけ》（指導僧）へと立場こそ変わったが、今なお道場において起居し、朝に晩に坐禅修行できることは、幸いである。これもひとえに「堪え忍んだ」おかげであろうか。この頃になって、なるほど「修行とは堪え忍ぶこと」に尽きるとつくづく思う。若い修行僧たちにも説き聞かせているし、また、指導する側にもなお一層「堪え忍ぶ」ことが必要であると感じている。

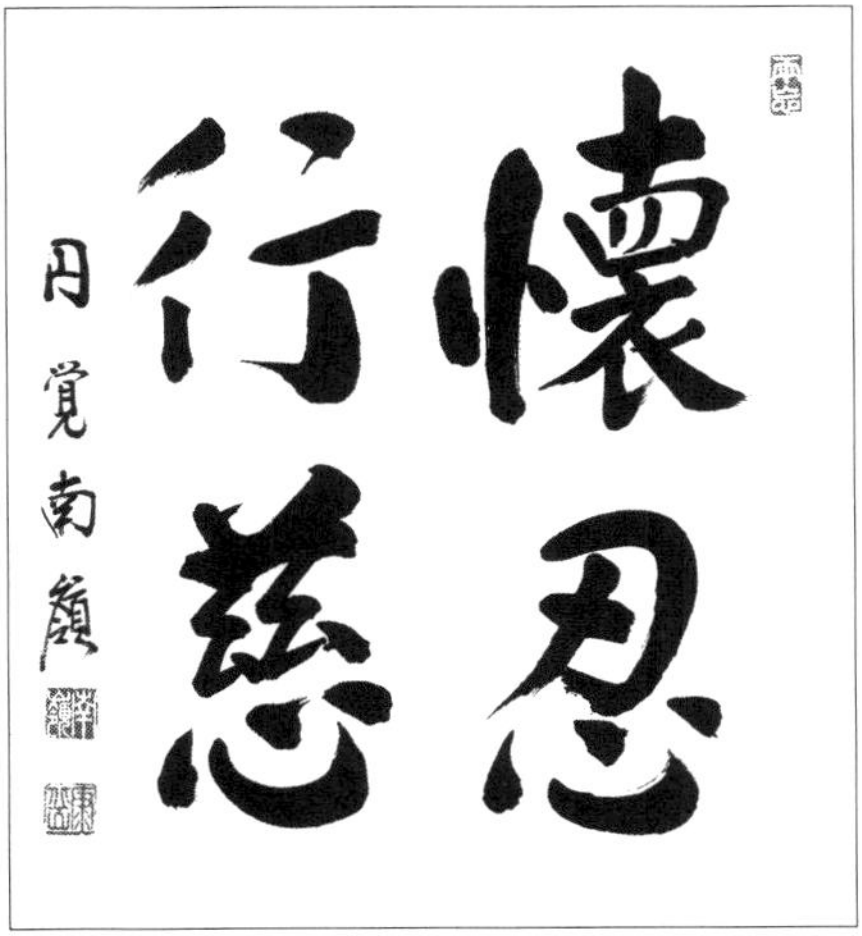

慈悲の心で

かの文豪夏目漱石も参禅した釈宗演《しゃくそうえん》老師は二十代の半ばで禅の修行を終え、更に慶應義塾に学び、その上セイロン（現・スリランカ）に渡り、仏教の根本を本格的に学ぼうとされた。足かけ三年ばかり修行されて帰国されている。

その出立に当たって、師匠の今北洪川《こうせん》老師が宗演老師に書き与えた手紙が今も東慶寺に残っている。書院に額装されて飾られていて、私も拝見する度に襟《えり》を正す思いだ。

洪川老師は、遠く異国の地へ修行にゆく弟子に、『羅云忍辱経《らうんにんにくきょう》』というお経の言葉を引用して、ただひたすら「忍」の一字を説いて聞かせている。『羅云忍辱経』はお釈迦様が、弟子であり、また実の子でもあった羅云《らうん》ことラゴラ尊者《そんじゃ》に語った教えである。

ある時にラゴラが、同じお釈迦様のお弟子であるシャーリプトラと共に町を托鉢していた。その時に暴漢に襲われてラゴラが怪我をしてしまった。

先輩に当たるシャーリプトラはラゴラに、仏弟子たるものは如何《いか》なることも堪え忍び、決して怒りを懐《いだ》いてはならぬと説き聞かせた。ラゴラも普段お釈迦様の教えを学んでいるので、「はい、このような痛みは一瞬のものです。むしろ危害を加えた彼のほうが、その罪のために長く苦しむことになるでしょう。気の毒なのは彼のほうです」と答えた。

お釈迦様のもとに帰った二人は、その出来事を報告する。お釈迦様は怪我をさせられても決して怒らず堪え忍んだラゴラを褒めて更に「忍」のすばらしさを説いて聞かせた。
「忍は安宅為《あんたくた》り（堪え忍ぶことこそ安らかな家であること）」「忍は大舟為《だいしゅうた》り、以て難《かた》きを渡るべし（忍は大きな船のように、困難な世の中を渡ってゆけるものであること）」「世は怙《たの》む所無し、唯だ忍のみ恃《たの》むべし（忍こそがこの世の頼りとすべきものであること）」など。

その中に「忍を懐《いだ》いて慈を行ずれば、世々怨み無し。中心恬然《てんぜん》として終《つい》に悪毒無し」という言葉が出てくる。

自分の身に降りかかったことは堪え忍んで、むしろ自分に辛《つら》く当たる者こそ却《かえ》って気の毒な者であると、逆に慈悲の心で思いやれば、どんな時代にあっても怨みの心は起こらないし、心はいつも穏やかで、悪いことは起こらないという意味である。

お釈迦様は、単に堪え忍ぶばかりでなく、むしろ相手を思いやる心の広さを説かれた。

どんな人にも仏心は具《そな》わっている。これが仏教の一番大事な真理である。ただ残念なことに、目先のことに心奪われてしまい、尊い仏心を見失っている。そのことが気の毒なのであり、むしろ、こちらから慈悲の心をもって憐《あわ》れんでゆく。そうすればこそ穏やかで安らかな心が生まれる。

叱られて、叱られて

「忍を懐いて慈を行じる」とは、すばらしい言葉であると思う。しかし、いくら理論の上でなるほどその通りだと頷《うなず》けたとしても、実際には、腹が立ち、憎しみの感情が湧いてしまうのも、人の世の常であろう。

修行道場では、常に先輩から厳しい指導を受ける。叱咤《しった》されることは日常である。私なども、これだけ一所懸命やっているのに、一体なぜこんなに叱られるのか、全《まった》くわけが分からず、理不尽な仕打ちに、当時の老師に「こんなに叱られてばかりでは、とてもやっていけません」と訴えたことがある。

老師は、涼しいお顔で、ただ「修行というのはそういうものです」とのみ答えられた。そして、静かに「私もね、よく叱られました。叱られて、叱られて今があります」と、まるで何かを懐かしむようにつぶやかれた。

「そうだ、そういえば、修行に出る時に、修行とは堪え忍ぶことだと教わったはずだった」とようやく気がついた。

それがまたしばらく経つと、忘れてしまい、堪えられない思いに駆られてしまう。また「堪え忍ぶことこそ修行」と思い起こす。そんなことを幾度も幾度も繰り返して今日に到っている。

なごやかさによりて怒りに克つ

最近、『致知』の巻頭言でもお馴染みの鍵山秀三郎先生と親しくお話しする機会をいただいた。鍵山先生は、周知の通りご一代で「イエローハット」を創業され、自動車用品業界にあって常に掃除を心がけ、「日本を美しくする会」を立ち上げられた。荒れた学校の手洗いの掃除をされたり、街頭で掃除をされたり、活動は国内各所に及び、遠く海外にまで出かけて掃除をされた方だ。

私も、何度かお話を拝聴させていただき、また円覚寺にお越しいただいて、講演をしていただいたこともあって、心から尊敬申し上げる先生である。

先生は、何不自由のない環境で育ったが、終戦を迎えすべてを失い、塗炭《とたん》の苦しみを舐《な》めながら、自動車用品業界で働かれた。無一物から創業をされて、今日の「イエローハット」を築かれた。そのご苦労は並大抵ではない。そして常に掃除をして、綺麗に、正直に偽りなくお仕事をされてきた。筆舌に尽くし難い様々なご苦労も拝聴させていただいた。

そんなご苦労にも拘《かか》わらず、先生には暗さがなく、いつも明るい笑顔である。「先生は大変な苦労をされているのに、どうして、いつもそのように笑顔でいられるのですか」と聞いてみた。先生は、「辛い目には嫌というほど遭ってきました。しかしそれに対して怒りや憎しみを懐いては、自分自身によくないのです。怒りや憎しみは自らを損なうだけです。そう自分自身に言い聞かせてきました」と教えてくださった。私は、「なごやかさによりて、怒りに克つべし」という『法句経《ほっくきょう》』の言葉を思い出した。

そんな鍵山先生だが、二年前に大病をされた。今もなお療養中で、遠くに出かける講演などは避けていらっしゃる。そして今も痛みに堪えていると話してくださった。私は、どうして先生ほどのお方が、このような病になられたのかと、何とも言えない思いになった。そこで思わず「先生は、これだけ掃除などの活動をなさってきて、今のご病気をどのように受け止めていらっしゃいますか」と尋ねた。

しかし先生は、静かに「私は十二歳の時から、地べたを這《は》うように働いて働いて随分無理をしました。この病気になったのは八十二歳の時です。ですから十二歳から八十二歳まで七十年間も働くことができたのです。私には七十年も元気で働けた、その喜びと感謝しかありません」と答えられた。いつもの爽やかな笑顔であった。

私は自らの愚問を羞《は》じた。先生のような方こそ、「忍を懐いて慈を行じる」人であろう。

薪尽き火滅す
——善く生きることを求め続ける

涅槃図と猫

二月十五日は、お釈迦様のお亡くなりになった日である。我々仏教徒は、この日を涅槃会と称して、法要を勤めている。ところによっては月遅れで、三月十五日に勤める場合もある。円覚寺では二月十五日に、仏殿に涅槃図を掲げて、その前で一山の僧侶が皆出頭して一時間ばかりの法要を行っている。

仏殿には、普段は中央にご本尊の釈迦如来座像をおまつりしているが、この日は涅槃図を掛けてお勤めをする。

円覚寺には、鎌倉時代に画かれた大涅槃図が残っていて、国の重要文化財に指定されている。鎌倉時代の画は、重要文化財でもあり、傷めてはいけないので、涅槃会には江戸期に画かれたものを掲げている。円覚寺のような寺に住んでいると、江戸期のものは「まだ新しいもの」という感覚になってしまっている。

涅槃図は、一大宗教絵画である。中央には寝台に横たわるお釈迦様が画かれ、そのまわりを、お釈迦様の死を悲しむ大勢の菩薩や仏弟子が取り囲んでいる。仏弟子ばかりではない、鳥や獣までお釈迦様の死を悼み悲しんでいる。天空には、お釈迦様のご生母である摩耶夫人も画かれる。

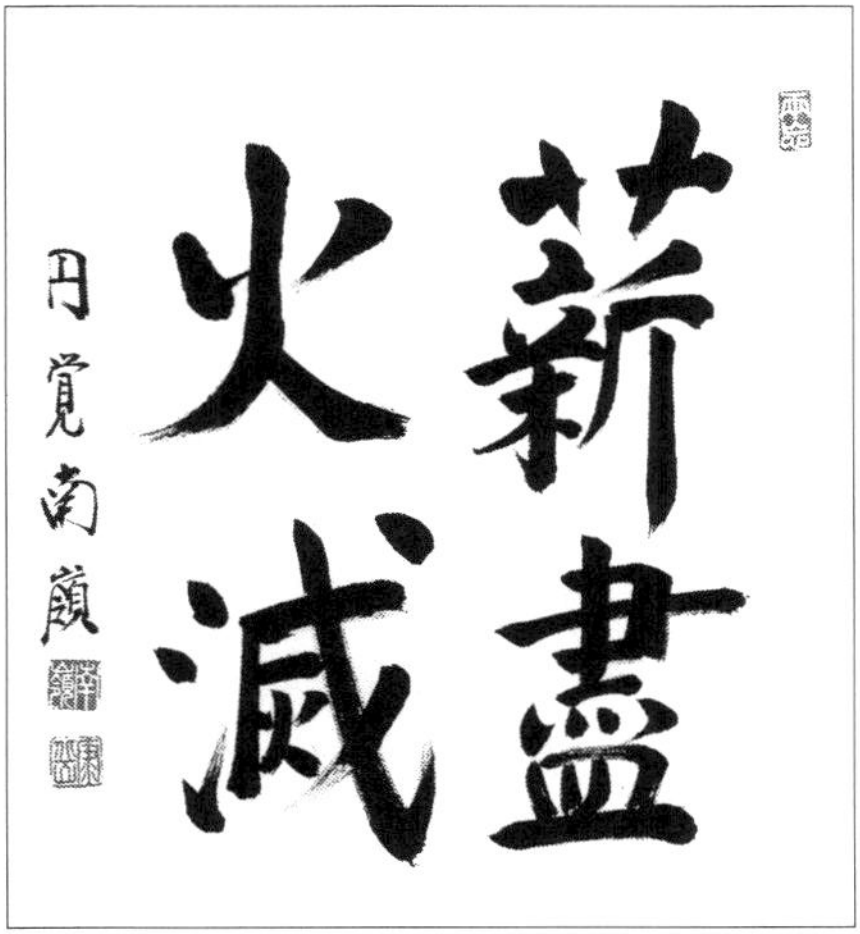

円覚寺の大涅槃図には、十二支の動物たちも皆画かれている。中には象が、仰向けになって四本の足を宙にばたつかせて悲しみを表している。

一説には、涅槃図には猫が画かれないという。様々な説があるが、猫は魔性の動物であるからとか、或いは摩耶夫人が、お釈迦様の病を癒やすための薬を天界から投げたが、あいにくそばにある木の枝にひっかかってしまい、それを取ろうとした鼠を猫が喰らってしまったからだとも言われる。

しかしそれらは後世の俗説である。仏教には元来猫だけを差別する考えはなかった。鎌倉時代に画かれた円覚寺の涅槃図にはちゃんと猫も画かれている。中世の涅槃図には猫も画かれていることが多い。江戸期以降のものになると、俗説が弘まったのか、猫が画かれていないらしい。古いものにはすべての動物たちが公平に画かれている。

鍛冶工チュンダの供養

お釈迦様は、紀元前のインドにあって、八十歳の長命を全うされた。身心ともに健康であったのだと察せられるが、それでも晩年になって自らの死期が近いと悟られ、故郷を目指して旅に出られた。

長年お釈迦様のおそばにお仕えしていたアーナンダに対して、このように仰せになっている。

「アーナンダよ、わたしはもう老い朽ち、齢をかさね老衰し、人生の旅路を通り過ぎ老齢に達した。わが齢は八十となった。譬えば古ぼけた車が革紐の助けによってやっと動いていくように、恐らくわたしの体も革紐の助けによってもっているのだ」と。

一箇の人間としての偽らざる歎きである。しかし、お釈迦様は、向上につとめるものは、そのような老衰などの姿にとらわれることなく、心を統一してこそ、身体の健全なることが保たれると説かれ、次のような言葉を残された。

「この世で自らを島とし、自らをたよりとして、他人をたよりとせず、法を島とし、法をよりどころとして、他のものをよりどころとせずにあれ」と。

後に鈴木大拙が、仏陀最期の教えは何であったかと問われた折に、「依頼心を捨てよ」と答えられたのは、この言葉が基になっているのだろう。

旅の途中にお釈迦様は、長年親しんだヴェーサリーの町に寄られた。そこではアーナンダに「ヴェーサリーの町は楽しい」と仰せられている。あらゆる執着から離れよというのがお釈迦様の教えであるのだが、慣れ親しんだ町にとどまり、「楽しい」と率直に語られたお釈迦様のお姿が有り難く思い浮かぶ。

しかし別れの時は来《きた》る。ヴェーサリーの町を托鉢し、食事を終えていよいよ町を離れる折には、「象が眺めるように身をひるがえして」町を眺め、アーナンダに「これがわたしがヴェーサリーを見る最後の眺めとなるであろう」と告げられた。

その後旅を続けられ、途中鍛冶工チュンダの供養を受けられた。心を込めたきのこ料理だったが、お釈迦様は自ら口にされた後、残りはすぐに地に埋めよと言われた。

そして、お釈迦様は激しい痛みに襲われる。下痢をしながらも、クシナーラーの町を目指された。

アーナンダの悲しみ

病に苦しむお釈迦様は途中なんども、アーナンダに「水をもってきてくれ。わたしはのどが渇いている。水を飲みたい」と訴えられる。いよいよクシナーラーの沙羅林の中で二本並んだ樹（沙羅双樹）の間で、右脇を下につけて横たわられた。涅槃図に画かれる姿である。

そんな疲れ切ったお釈迦様が、アーナンダに告げられた。「誰かが鍛冶工チュンダに後悔の念を起こさせるかもしれない」と。仏陀がチュンダのさし上げた食事を食べて亡くなったと責められることを恐れ、お釈迦様は、我が人生の中で、悟りを開く前にいただいたスジャータの供養と、最後のチュンダの供養とはまさに等しい果報があるのだと告げられた。最期まで温かい心づかいである。


涅槃図に多くの仏弟子が画かれているが、アーナンダの姿はすぐにわかる。お釈迦様が横たわっているその前で、地にひれ伏して嘆き悲しんでいる姿で画かれているからだ。

仏典には、長年お釈迦様のおそばに仕えてきたアーナンダの悲しむ様子が赤裸々に説かれている。アーナンダは悲しみに堪えきれなく、住居に入って戸の横木によりかかって泣いていた。アーナンダの姿が見えないことに気がついたお釈迦様が、アーナンダを側に喚《よ》ばれて説かれた。

「アーナンダよ、悲しむな、嘆くな。わたしはあらかじめ説いたではないか。すべての愛するものからも別れ、離れることを。およそ生じ、存在し、つくられたものが壊れないことがどうしてありえようか」と。

そしてアーナンダに感謝の言葉を告げられた。「アーナンダよ、お前は長い間、慈愛ある無量の身と言葉とこころの行為によってわたしに仕えてくれた。お前は善いことをしてくれた。つとめはげんで修行せよ」と。

長年敬慕して仕えてきた師から、このような言葉をかけられては、地に伏して嘆くのも当然であろう。

スバッダへの教え

そのようにお釈迦様がまさに亡くなろうして、悲しみにくれる中を一人の老修行者が訪れた。スバッダという、齢百を超える遍歴の行者であった。お釈迦様の亡くなりそうだと聞いて駆けつけてきて、教えを請いたいというのだ。アーナンダは、もはや死に瀕しているお釈迦様を煩わせてはならぬと思い、スバッダの申し出を断る。三度頼まれ、三度とも断ろうとしたが、そのやりとりの様子が、お釈迦様のお耳に入った。お釈迦様は、アーナンダに「道を求めてやってきた者を拒絶してはならない、会えるようにしてあげよ」とスバッダの求めに応じられた。

そこでお釈迦様は、スバッダに対して、次のように語られた。

「スバッダよ、わたしは二十九歳で善を求めて出家した。出家してから五十年余となった。正理と法の領域のみを歩んで来た。これ以外に道の人なるものも存在しない」と。

この言葉には心打たれる。お釈迦さまは、「善」を求めて生きられたのだ。生涯をかけて、善く生きるとはどういうことかを求められた。けっして仏教の教理がどうであるとか説かれたのではない。むしろ如何なる宗教を信じようと如何なる哲学を学ぼうと、その人がどう生きるかが問題なのだ。

坂村真民先生は、「大事なこと」という詩で、

「王家に生まれようと
馬小屋に生まれようと
それは
たいしたことではない
どう生き
どう死ぬかが
一番大切なことだ」

と喝破されたが、お釈迦様は五十年善を求めて生きられたのだ、そこが尊い大事なところだ。

経典には、お釈迦様がお亡くなりになることを「薪尽き火滅するが如し」と説かれている。涅槃とは煩悩を吹き消すことを言うのだが、薪が燃えつきたのだ。燃えつきるとは、消すことを考えない。どこまでも燃えて燃えて燃えることのみに勤めて、やがて時がきて燃えつきるのだ。完全燃焼する。善を求め、善く生きることを求め続けられたお釈迦様を偲ぶ涅槃会でありたい。

明《めい》に投《とう》じて須《すべか》らく到《いた》るべし
――逆境を超えて明るい世界へ

平気で生きる

とある企画で、正岡子規《まさおかしき》の死生観について語ってほしいと頼まれたことがある。正岡子規について、私は全《まった》く詳しくはない。「柿食えば鐘が鳴るなり法隆寺」の句を知っているくらいだ。

依頼書によれば、正岡子規が死の二日前まで綴ったという随筆集『病牀六尺《びょうしょうろくしゃく》』に、「余は今まで禅宗のいはゆる悟りといふ事を誤解して居た。悟りといふ事は如《い》何《か》なる場合にも平気で死ぬる事かと思つて居たのは間違ひで、悟りといふ事は如何なる場合にも平気で生きて居る事であつた」という記述があり、これについて禅の立場からどう見るか説いてほしいということであった。

子規に詳しくない私は、これは子規について学んでみよという天の声かと思い、依頼を承って子規についてしばらく学んでみた。

子規が禅宗の悟りについて言及しているので、どこかで誰か禅僧に師事して、禅を学んだのであろうかと思ってみたが、私が調べた限りでは、特別禅の修行をしたという形跡は明らかではない。四国松山にある「正岡子規記念館」にも足を運んでみたが、やはりはっきりしなかった。禅僧であり、歌人でもあった天田愚庵《あまたぐあん》との交流があるのだが、禅について学ぶほどの関係でもなさそうだった。

では、どうしてこのような述懐《じゅっかい》に到ったのであろうかと考察してみた。まず子規は「悟りといふ事は如何なる場合にも平気で死ぬる事かと思つて居た」というが、これはいったいどういう訳であろう

か。

今日、禅に関心を持たれる人は実に大勢いらっしゃるが、禅を学んで「平気で死ぬ」ことを考えたりしてはいないであろう。ストレスの軽減や、はては健康によいというから坐禅をなさる人も多い昨今である。

禅の悟りとは平気で死ぬことだと思っていた子規は、どうしてそう思ったのか。恐らくその当時の禅というと、武士道との関連もあってか、いかなる時でも平気で死ぬことができるものだと思われていたのであろう。

西田幾多郎《きたろう》が若い頃、禅に志して北条時敬《ほうじょうときゆき》に相談したところ、北条から「脇腹に刀を差し込む勇気があったらやれ」と言われたという。今そんな覚悟をして参禅する人はまずいないだろうが、これが明治の時代の禅であったのだと察せられる。

禅が鎌倉時代に、日本に伝わって、初めは主に鎌倉の武士たちによって学ばれていた。後に「武士道」と言われるように発展してきた。『葉隠《はがくれ》』の言葉ではないが「死ぬこと」や「死を覚悟」することが大事にされてきたのである。

休し去り歇し去る

唐代の禅の逸話に興味深いものがある。石霜慶諸《せきそうけいしょ》禅師の話である。石霜禅師の宗風は専《もっぱ》ら純粋に坐禅することで知られていた。「石霜の枯木衆」とも評されるごとく、まるで枯れ木のように微動だにせず坐禅をしていたのだ。

その石霜が亡くなって、修行僧の中の頭《かしら》であった僧が跡を継ぐようになった。しかし同じ石霜の門下であった九峰道虔《きゅうほうどうけん》は異を唱えた。師の跡を襲うのであれば、師の心が本当に分かっていないといけないと言って、石霜が平生《へいぜい》常に説いていた「七《しち》去《こ》」について尋問した。修行僧の頭であった僧は、それは「すべてが平等である真理」を表していると答えた。

石霜の「七去」とは「休《きゅう》し去り（妄想分別を休すること）、歇《けっ》し去り（妄想分別を抛《なげう》つこと）、一念万年にし去り（時間を超越した無心の状態）、寒灰枯木《かんかいこぼく》にし去り（心に一点の妄想の熱気もない状態）、古廟香炉にし去り（古廟の香炉には誰も焼香しないことから転じて、心に妄想の熱気がない状態を指す）、冷湫湫地《れいしゅうしゅうち》にし去り（冷ややかな沼地で煩悩の熱気がないこと)、一條《いちじょう》の白練《びゃくれん》にし去る(心が清浄潔白で一点の煩悩もないこと)」ことを言う。純粋に坐禅していた石霜の宗風がしのばれる一語だ。

それを「平等の世界」と説いた僧に、九峰は、それでは師の意は分かっていないと言う。僧は、香炉の線香を立てて、もしこの線香が燃えつきるまでに自分が坐ったまま死ぬことができないようなら、私は師の意が分かっていないと言ってよかろうと言って、坐禅を組むや、香が燃えつきる前に坐禅したまま息絶えてしまった。見事に「平気で死んで」見せたのだ。しかし九峰は、僧を憐《あわ》れむが如く、このようなことではとても師の意が分かってはいないと言われた。平然と死ぬのは、禅の教えではないということである。

夜行を許さず

『碧巌録《へきがんろく》』にこんな問答がある。趙州《じょうしゅう》和尚が、投子《とうす》和尚に質問をされた。「大死底《だいしてい》の人却って活する時如何」と。死にきった人が生き返ってきた時はどうですかというのだ。投子和尚は、「夜行を許さず、明に投じて須《すべか》らく到るべし」と答えられた。

夜道は暗くて危ないから、夜が明けてから出かけなさいという意である。

夜道が危ないから、明るくなってから行けとは含蓄のある言葉だ。大死底の人は、死にきった人、坐禅して無になりきった人、子規のいう「平気で死ぬ」ことのできる人を指すのであろう。しかし大事なことは、死にきった処に留まらずに、そこから「活する」ことである。

禅の悟りは無の境地を目指すと思われているかもしれない。「無の境地」といえば、何もない真っ暗闇を思い浮かべよう。しかしそこから「活」して明るい世界に行けと教えられているのだ。

虎になれても猫にはなれなかった

明治の禅僧に釈宗演《しゃくそうえん》老師という方がいらっしゃる。明治二十五年に数え年三十四歳で円覚寺《えんがくじ》の管長に就任された稀代の禅僧であった。円覚寺の今北洪川《いまきたこうせん》老師に師事して、禅の修行を終えられた後、洪川老師の後任を託されながらも、更に慶應義塾大学に入って福澤諭吉に学び、その上セイロン（現・スリランカ）にまで赴《おもむ》き、仏教の根本を学ばれた。円覚寺管長に就任された翌年にはシカゴの万国宗教会議に出席されて演説し、これが縁となって、膝下《しっか》の鈴木大拙を渡米させた。このことが禅が世界に弘《ひろ》まる嚆矢《こうし》となったのだ。

この宗演老師のお弟子に植村宗光《うえむらそうこう》という方がいらっしゃった。帝国大学を出て宗演老師のもとで出家し、厳しい修行に耐えて、宗演老師も最も期待していた俊英の僧であったという。

しかしながら、宗光師は日露戦争に出征し、現地でも果敢な戦いをしていたらしいのだが、最後には敵に捕らえられて捕虜となってしまった。その結果亡くなってしまったという。後に調査して分かったらしいが、宗光師は捕虜となっても、軍人らしく食を絶って餓死されたということだった。

当時アメリカで布教されていた宗演老師は、宗光師が戦死されたという報を聞かされて、「あんなに苦労させねばよかった」と暗然たる様子でもらされた。更に宗演老師は「ああ、あれは虎になる修行はできたが、猫になる修行ができなかった」と涙をこぼされたという。

勇猛果敢に死をも辞せず、虎のように威丈高《いたけだか》なこともいいが、時には猫のようになってでも、生き抜いてほしかったという思いであろう。死ぬばかりが禅ではないと宗演老師が思っておられたことが分かる。

だから生き抜くことこそが禅にほかならない。いかなる逆境にも「平気で生きる」のだ。子規も随筆の中には「病気の境涯に処しては、病気を楽しむ」という言葉も残されている。「明に投じて到る」という、明るい世界に生きてゆきたい。

あとがき

「まえがき」に記したように、私の人生のほとんどは、禅問答に費やされてきました。今も変わりありません。禅問答では、師家から「公案」という課題を与えられて、その問題を二六時中《にろくじちゅう》抱えて探求します。

鶏が卵を温めているように、しっかり抱えて離さないように工夫することを教わってきました。食事をしていても、道を歩いていても、お手洗いで用を足していても公案を手放してはいけないと言われてきました。

もちろんのこと、食事をしたり、道を歩いたりすることが疎《おろそ》かになってはいけませんが、何をしていようとも、心の深いところでは、この問題を抱えて手放さないようにするのです。すると、何かの拍子に気がつくことがあるものです。

こんな修行を何十年と続けてきました。やっている頃は、不自由な気もしていましたが、なるほどと思うことが多くございます。

こうして数年来、『致知』に「禅語に学ぶ」を連載していますと、『致知』でどの禅語を取り上げるか、どのように説くかということを、あたかも公案を工夫するかのように、二六時中抱えているようになってきました。

何をしていても、心の奥深くには、次の禅語をどうするか、どう説くか思い続ける状態が続いています。すると、何かの縁にふれて、気がついて、これだ、これを伝えようと思うのであります。

そのようにして、自分自身が禅問答に取り組む心で執筆してきました。修行時代の禅問答の相手は、当時の師家でありましたが、今自分が師家の立場となり、問答を挑んでいる相手は、『致知』の読者となっていったように思います。

そうして、毎回毎回、その時の自分の得たものをすべて出し尽くす覚悟で書いてきました。それを再び一書として上梓できることは思いもかけなかったことであります。

この度もまた、禅語を説くにあたって、禅に深く参じられた坂村真民先生の詩を多く引用させていただきました。おかげで禅語の意味が、より一層伝わりやすくなったと思っています。真民詩の引用を許可くださった坂村真民記念館の西澤孝一館長、真美子夫人には深謝いたします。

致知出版社の藤尾秀昭社長には、私にこのような新たな修行の場を与えていただいたことに心から感謝いたします。また柳澤まり子副社長、藤尾允泰副編集長、そして単行本化にあたってご尽力くださった、小森俊司様にも甚深の謝意を表します。

平成三十年七月

円覚寺　横田南嶺

【初出一覧】

第一章　縁に生かされる

恩を知って恩に報ゆ	『致知』2016年9月号
万里一条の鉄	『致知』2017年3月号
発菩提心	『致知』2017年8月号
手を把って共に行く	『致知』2017年10月号

第二章　いのちのはたらき

毛、巨海を呑み、芥に須弥を納る	『致知』2016年10月号
万里清風只自知す	『致知』2017年4月号
柔和忍辱衣	『致知』2017年9月号
心無罣礙	『致知』2017年2月号
獅子吼	『致知』2018年9月号

第三章　自己をつかむ

象罔到る時、光燦爛	『致知』2017年1月号
一撃、所知を忘ず	『致知』2018年1月号
逝く者は斯くの如きか	『致知』2018年4月号
春は枝頭に在って已に十分	『致知』2018年5月号
奪人奪境	『致知』2018年6月号

第四章　仏心に目覚める

主人公	『致知』2016年11月号
常念観世音	『致知』2016年12月号
大悲千手眼	『致知』2017年11月号
慈眼視衆生	『致知』2018年2月号
驢を渡し、馬を渡す	『致知』2018年3月号

第五章　こころを磨く

歩歩是れ道場	『致知』2017年2月号
鉄牛の機	『致知』2017年6月号
忍を懐いて慈を行じる	『致知』2017年7月号
薪尽き火滅す	未収録
明に投じて須らく到るべし	『致知』2018年8月号

〈著者略歴〉

横田南嶺（よこた・なんれい）

昭和39年和歌山県新宮市生まれ。62年筑波大学卒業。在学中に出家得度し、卒業と同時に京都建仁寺僧堂で修行。平成3年円覚寺僧堂で修行。11年円覚寺僧堂師家。22年臨済宗円覚寺派管長に就任。著書に『禅の名僧に学ぶ生き方の智慧』『人生を照らす禅の言葉』『禅が教える人生の大道』（いずれも致知出版社）『二度とない人生だから、今日一日は笑顔でいよう』（PHP研究所）『祈りの延命十句観音経』（春秋社）、DVDに『照らされて光る―混沌の世を生きる智慧』、CDに『「十牛図」に学ぶ』（致知出版社）などがある。

自分を創る禅の教え

平成三十年八月二十日第一刷発行

著者　横田南嶺

発行者　藤尾秀昭

発行所　致知出版社

〒150-0001東京都渋谷区神宮前四の二十四の九

TEL（〇三）三七九六―二一一一

印刷・製本　中央精版印刷

落丁・乱丁はお取替え致します。　（検印廃止）

ISBN978-4-8009-1183-4 C0095

ホームページ　http://www.chichi.co.jp

Eメール　books@chichi.co.jp